高职高专规划教材

审 计 实 务

第 2 版

主　编　杜海霞

副主编　胡春萍　汪艳萍

机 械 工 业 出 版 社

本书以华腾有限责任公司（虚拟）2017年度的业务为载体，以中睿琪会计师事务所的财务报表审计流程为主线，按照审计工作过程构造了十个学习情境：审计监督体系构成；认识财务报表审计流程与目标；审计证据的收集；审计工作记录；销售与收款循环审计；采购与付款循环审计；存货与仓储循环审计；筹资与投资循环审计；货币资金审计；审计终结。

　　本书案例设计完整，引入会计师事务所真实审计工作底稿，将工作底稿的编制融入财务报表的审计程序中，并且工作底稿之间前后呼应，体现了审计业务流程环环相扣的完整性，真正突出了对学生实际审计工作能力的培养。

　　本书可作为高职高专会计、审计专业的教材，也可作为会计师事务所助理审计人员的培训用书。

图书在版编目（CIP）数据

审计实务/杜海霞主编．—2版．—北京：机械工业出版社，2018.2
高职高专规划教材
ISBN 978-7-111-59120-7

Ⅰ．①审…　Ⅱ．①杜…　Ⅲ．①审计学—高等职业教育—教材　Ⅳ．①F239.0

中国版本图书馆CIP数据核字（2018）第023212号

机械工业出版社（北京市百万庄大街22号　邮政编码100037）
策划编辑：孔文梅　　责任编辑：孔文梅　乔　晨
责任校对：张　征　　封面设计：鞠　杨
责任印制：张　博
三河市宏达印刷有限公司印刷
2018年3月第2版第1次印刷
184mm×260mm·12.5印张·288千字
0 001—3000 册
标准书号：ISBN 978-7-111-59120-7
定价:33.00元

凡购本书，如有缺页、倒页、脱页，由本社发行部调换
电话服务　　　　　　　　　网络服务
服务咨询热线：010-88379833　机 工 官 网：www.cmpbook.com
　　　　　　　　　　　　　　机 工 官 博：weibo.com/cmp1952
读者购书热线：010-88379649　教育服务网：www.cmpedu.com
封面无防伪标均为盗版　　金　书　网：www.golden-book.com

前　言

职业教育对高职学生职业能力的培养提出了更高的要求。审计学是一门实践性很强的课程，然而在传统审计课程教学过程中，由于种种条件的限制，审计教材往往局限于审计程序文字性的介绍，内容枯燥抽象。学生尽管学完审计课程，但在从事具体审计工作时仍有无所适从、一头雾水的感觉。高职学生的审计工作能力很显然未能在审计课程中得到很好的培养，实际审计工作与审计课堂教学出现了严重脱节。所以，对审计课程与教材的改革势在必行。

为了更好地提高高职学生的审计工作能力，我们将会计师事务所实际审计案例与实际工作底稿引入课堂教学，以工作过程为导向对课程进行了改造，实现了审计课程与会计师事务所实际工作的融合，教学过程与审计流程的融合，教师教与学生做的融合，真正突出了审计教学过程的开放性和实践性。本书正是审计课程改革的成果之一。

本书基于营改增的税收改革背景及最新审计报告等准则，对全书案例及相关法规进行了更新与修订。本书突出体现了高等职业教育特色。在书中，引入"中睿琪会计师事务所—华腾有限责任公司"审计案例，创新性地将审计案例作为贯穿于全书始终的线索，最大限度地还原了"会计师事务所财务报表审计流程"。在审计案例中，适当插入了典型舞弊点，这将更加有利于学生审计职业能力的培养。

本书由北京财贸职业学院杜海霞担任主编。具体编写分工如下：田光大（北京财贸职业学院）编写学习情境一；杜海霞（北京财贸职业学院）编写学习情境二、三、五、六、七、九；胡春萍（北京财贸职业学院）编写学习情境四、八；汪艳萍（北京财贸职业学院）编写学习情境十。

为方便教学，本书配备了电子课件等教学资源。凡选用本书作为教材的教师均可登录机械工业出版社教育服务网www.cmpedu.com免费下载。如有问题请致信cmpgaozhi@sina.com，或致电010-88379375联系营销人员。

限于编者水平，书中难免存在疏漏之处，敬请读者不吝指正。

编　者

目　录

学习情境一
Learning Situation One

审计监督体系构成

学习目标

- 能确定注册会计师审计的审计范围和执行人员。
- 能确定政府审计的审计范围和执行人员。
- 能确定内部审计的审计范围和执行人员。

任务一　解读注册会计师审计

（任务案例）

| 安然公司案例 |

2000 年安然公司成为美国、一度也是全球的头号能源交易商，其市值曾高达 700 亿美元、年收入达 1,000 亿美元。2001 年初，美国《财富》杂志全球 500 强排名榜上，安然公司位列美国第 7、全球第 16，并被该杂志连续四年评为美国"最具创新精神的公司"。

2001 年 10 月 16 日，安然公司公布其第三季度亏损 6.38 亿美元。11 月，安然公司向美国证券交易委员会承认，自 1997 年以来，共虚报利润 5.86 亿美元！两天后，即 12 月 2 日，安然公司向纽约破产法院申请破产保护！至此安然公司创美国（或许也是世界）有史以来最大宗的破产申请纪录、最快的破产速度。

安达信会计师事务所是当年"五大"会计师事务所之一，但却为安然出具了严重失实的审计报告和内部控制评价报告。安达信在 1997～2000 年为安然公司出具的审计报告均为无保留意见。同时，安达信不仅为安然公司提供审计鉴证服务，而且提供收入不菲的咨询业务。2000 年安达信从安然公司获得了约 5,200 万美元的服务费用，其中：2,500 万美元是审计费用，2,700 万美元是咨询和其他服务费用。安然公司的许多高层管理人员为安达信的前雇员。在东窗事发之后，安达信高层管理人员居然下令销毁和安然公司有关的审计档案。

安达信会计师事务所在安然公司事件中到底扮演了什么角色？它是否恪尽职守，遵循了审计人员的职业道德？它又应该承担什么样的责任呢？

（任务处理）

一、注册会计师审计机构与人员

在安然公司案例中，安达信接受安然公司的委托对安然公司执行审计业务。具体执行审计业务的是安达信公司的审计人员。注册会计师审计机构就是诸如安达信这样的会计师事务所，而审计机构内部的人员主要包括注册会计师和助理审计人员。

（一）注册会计师审计机构——会计师事务所

纵观注册会计师行业在各国的发展，会计师事务所主要有独资、普通合伙制、有限责任公司制和有限责任合伙制四种组织形式。

1. 独资会计师事务所

独资会计师事务所由具有注册会计师执业资格的个人独立开业，承担无限责任。它的优点是对执业人员的需求不多，容易设立，执业灵活，能够很好地满足小型企业对注册会计师服务的需求；缺点是无力承担大型业务，缺乏发展后劲。

2. 普通合伙制会计师事务所

普通合伙制会计师事务所是由两位或两位以上注册会计师组成的合伙组织。合伙人以各自的财产对事务所的债务承担无限连带责任。它的优点是风险的牵制和共同利益的驱动，促使事务所强化专业发展，提高规避风险的能力；缺点是任何一个合伙人执业中的失误或舞弊行为，都可能导致整个会计师事务所遭受灭顶之灾。

3. 有限责任公司制会计师事务所

有限责任公司制会计师事务所是由注册会计师认购会计师事务所股份，并以其所认购股份对会计师事务所承担有限责任。会计师事务所以其全部资产对其债务承担有限责任。它的优点是可以通过公司制形式迅速建立规模型大所，承办大型业务；缺点是降低了风险责任对执业行为的高度制约，弱化了注册会计师的个人责任。

4. 有限责任合伙制会计师事务所

有限责任合伙制会计师事务所最明显的特征是合伙人只需承担有限责任。无过失的合伙人对于其他合伙人的过失或不当执业行为以自己在事务所的财产为限承担责任，不承担无限责任，除非该合伙人参与了过失或不当执业行为。有限责任合伙制会计师事务所已成为当今注册会计师职业界组织形式发展的一大趋势。

目前，我国的注册会计师法规定，会计师事务所可以由注册会计师合伙设立。合伙设立的会计师事务所的债务，由合伙人按照出资比例或协议的约定，以各自的财产承担责任。合伙人对会计师事务所的债务承担连带责任。

（二）会计师事务所审计人员——注册会计师 & 助理审计人员

1. 注册会计师执业资格的取得

具备下列条件之一，并在中国境内从事审计业务工作2年以上者，可以向省级注册会计师协会申请注册为执业会员：

（1）参加注册会计师全国统一考试成绩合格。

从2009年起，注册会计师考试划分为专业阶段考试和综合阶段考试。考生在通过专业阶段考试的全部科目后，才能参加综合阶段考试。专业阶段考试设会计、审计、财务成本管理、公司战略与风险管理、经济法、税法6个科目；综合阶段考试设职业能力综合测试1个科目。报名人员可以在一次考试中同时报考专业阶段考试6个科目，也可以选择报考部分科目。

中国注册会计师协会发布的《注册会计师考试制度改革方案》指出，两个阶段中，专业阶段考试主要是测试考生是否具备注册会计师执业所需要的专业知识，是否掌握基本技能和职业道德要求。综合阶段考试则主要测试考生是否具备在注册会计师执业环境中运用专业知识，保持职业价值观、职业态度与职业道德，有效解决实务问题的能力。

《注册会计师全国统一考试办法》规定，专业阶段考试的单科考试合格成绩5年内有效，对在连续5个年度考试中取得专业阶段考试全部科目考试合格成绩的考生，颁发注册会计师全国统一考试专业阶段考试合格证书。综合阶段考试科目应在取得注册会计师全国统一考试专业阶段考试合格证书后5个年度考试中完成，对取得综合阶段考试科目合格成绩的考生，颁发注册会计师全国统一考试全科考试合格证书。

（2）经依法认定或者考核具有注册会计师资格。

如果只是取得注册会计师全国统一考试全科考试合格证书，而不符合执业会员的条件（如不在会计师事务所从事审计工作等），可以申请为注册会计师协会的非执业会员，但没有在审计报告上签章的权力。

2. 助理审计人员

在会计师事务所中，助理审计人员主要是辅助注册会计师完成审计工作。助理审计人员不能出具审计报告。

二、注册会计师审计业务的执行

1. 审计收费

注册会计师审计是有偿审计，会计师事务所执行审计业务时需向客户收费。

| 任务案例分析 |

在安达信与安然公司的案例中，可以清楚地看到安达信向安然公司提供审计等服务时，收取了相应的费用。

2. 鉴证业务的三方关系人

鉴证业务涉及的三方关系人包括注册会计师、责任方和预期使用者。责任方与预期使用者可能是同一方，也可能不是同一方。

（1）责任方。

1）在直接报告业务中，对鉴证对象负责的组织或人员。

2）在基于责任方认定的业务中，对鉴证对象信息负责并可能同时对鉴证对象负责的组织或人员。

责任方可能是鉴证业务的委托人，也可能不是委托人。

（2）预期使用者。预期使用者是指预期使用鉴证报告的组织或人员。责任方可能是预期使用者，但不是唯一的预期使用者。

| 任务案例分析 |

安达信对安然公司的财务报表审计业务中，责任方是安然公司的管理层，因为它对财务报表（鉴证对象信息）负责，同时安然公司管理层也能是审计报表的预期使用者，但不是唯一使用者。

如果银行准备提供贷款给安然公司，银行可能会委托会计师事务所对安然公司的财务状况进行审计，此时委托人和责任人不再是同一个人。委托人是银行，责任方仍然是安然公司的管理层。

3. 会计师事务所的业务范围

会计师事务所的业务范围如图1-1所示。

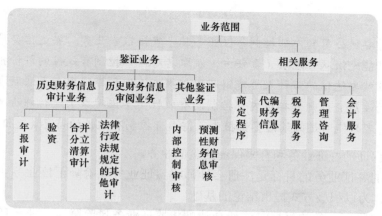

图 1-1 会计师事务所的业务范围

会计师事务所执行的业务主要是鉴证业务。鉴证业务是指注册会计师对鉴证对象信息提出结论，以增强除责任方之外的预期使用者对鉴证对象信息信任程度的业务。

┤任务案例分析├

安达信对安然公司的财务报表审计业务和内部控制评价都属于鉴证业务。安然公司之所以要聘请安达信会计师事务所进行审计，就是为了增强财务报表使用者对其财务报表的信任。

鉴证对象信息是按照标准对鉴证对象进行评价和计量的结果，如责任方按照会计准则和相关会计制度（标准）对其财务状况、经营成果和现金流量（鉴证对象）进行确认、计量和列报（包括披露，下同）而形成的财务报表（鉴证对象信息）。

┤任务案例分析├

在安达信对安然公司的财务报表审计业务中，鉴证对象信息就是财务报表。鉴证对象就是安然公司的财务状况、经营成果和现金流量。

鉴证业务包括历史财务信息审计业务、历史财务信息审阅业务和其他鉴证业务，还可分类为：

（1）基于责任方认定的业务和直接报告业务。

在基于责任方认定的业务中，责任方对鉴证对象进行评价或计量，鉴证对象信息以责任方认定的形式为预期使用者获取。

┤任务案例分析├

安达信对安然公司的财务报表审计属于基于责任方认定的业务。因为安然公司管理层（责任方）对财务状况、经营成果和现金流量（鉴证对象）进行确认、计量和列报（评价或计量）而形成了安然公司财务报表（鉴证对象信息）。该财务报表可为预期报表使用者获取，安达信会计师事务所针对财务报表出具审计报告。这种业务属于基于责任方认定的业务。

在直接报告业务中，注册会计师直接对鉴证对象进行评价或计量，或者从责任方获取对鉴证对象评价或计量的认定，而该认定无法为预期使用者获取，预期使用者只能通过阅读鉴证报告获取鉴证对象信息。

| 任务案例分析 |

安达信对安然公司的内部控制鉴证业务属于直接报告业务。安达信会计师事务所的注册会计师可能无法从管理层（责任方）获取其对内部控制有效性的评价报告（责任方认定），或虽然安达信的审计人员能够获取该报告，但预期使用者无法获取该报告，安达信事务所的注册会计师直接对内部控制的有效性（鉴证对象）进行评价并出具鉴证报告，预期使用者只能通过阅读该鉴证报告获得内部控制有效性的信息（鉴证对象信息）。

（2）合理保证的鉴证业务和有限保证的鉴证业务。

合理保证的鉴证业务的目标是注册会计师将鉴证业务风险降至该业务环境下可接受的低水平，以此作为以积极方式提出结论的基础。

有限保证的鉴证业务的目标是注册会计师将鉴证业务风险降至该业务环境下可接受的水平，以此作为以消极方式提出结论的基础。

| 任务案例分析 |

安达信对安然公司的财务报表审计业务属于合理保证的鉴证业务。安达信会计师事务所提出的审计结论应该是积极的，如"我们认为，根据×标准，财务报表在所有重大方面是合法公允的"。

但如果安达信只能提供财务报表审阅，则属于有限保证的鉴证业务，注册会计师应当以消极方式提出结论，如"基于本报告所述的工作，我们没有注意到任何事项使我们相信，根据×标准，财务报表在任何重大方面是不合法、不公允的"。

4. 中国注册会计师执业准则和其他相关法规

注册会计师审计依据中国注册会计师执业准则和其他相关法规完成。中国注册会计师协会构建了执业准则、应用指南及问题解答的准则体系，并随着国际审计准则体系的修订及实际工作的需要不断修订。

5. 鉴证报告

注册会计师在执行鉴证业务后，应当出具鉴证报告。

巩固拓展

注册会计师审计的产生和发展

一、注册会计师审计的起源

注册会计师审计起源于16世纪的意大利。由于单个的业主难以满足投入巨额资金的需求，为了筹集所需的大量资金，合伙制企业便应运而生。尽管当时合伙制企业的合伙人都是出资者，但是有的合伙人参与企业的经营管理，有的合伙人则不参与企业的经营管理，出现了所有权与经营权的分离。这样，那些参与经营管理的合伙人有责任向不参与经营管理的合伙人证明合伙契约得到了认真履行，利润的计算与分配是正确、合理的，以保证合伙企业有足够的资金来源，使企业得以持续经营下去。同时，不参与经营管理的合伙人也希望监督企业经营情况，及时了解企业的财务状况。因而，在客观上都希望有一个与任何一方均无利害关系的第三者能对合伙企业进行监督、检查，这就需要聘请会计专家来担任查账和公证的工作。这样，在16世纪意大利的商业城市中出现了一批具有良好的会计知识、专门从事这种查账和公证工作的专业人员，他们所进行的查账与公证，可以说是注册会计师审计的起源。随着这批专业人员人数的增加，他们于1581年在威尼斯创立了威尼斯会计协会。其后，米兰等城市的职业会计师也成立了类似的组织。

二、注册会计师审计的形成

注册会计师审计虽然起源于意大利，但其真正的形成却是在英国。

18世纪下半叶，英国的资本主义经济得到了迅速发展，出现了第一批以查账为职业的独立会计师。他们受企业主委托，对企业会计账目进行逐笔检查，目的是查错防弊，检查结果也只向企业主报告。因为企业主自行决定是否聘请独立会计师进行查账，所以此时的独立审计尚为任意审计。

股份有限公司的兴起，使公司的所有权与经营权进一步分离，绝大多数股东已完全脱离经营管理，他们出于自身的利益，非常关心公司的经营成果，以便做出是否继续持有公司股票的决定。证券市场上潜在的投资人和债权人同样十分关心公司的经营情况，在客观上产生了由独立会计师对公司财务报表进行审计，以保证财务报表真实可靠的需求。

1720年英国的"南海公司事件"是世界第一个注册会计师审计案例。

| 南海公司事件 |

成立于1710年的英国南海公司，历经10年惨淡经营后，公司董事会决定采取欺骗等手法，使其股票达到预期价格。在大量散布"年底将有大量利润可实现，预计1720年圣诞节可按面值60%支付股利"等谣言后，该公司股票价格从1719年的114英镑，上升到1720年3月的300英镑以上，1720年7月再度上升到1,050英镑。在当时的英国，一场全国性的投机热潮由此爆发，无论是新成立的股份公司还是原有的股份公司，全部成了投机的对象。

随着1720年英国国会通过的《泡沫公司取缔法》的实施，英国开始制止各类泡沫公司的膨胀。许多公司纷纷破产、解散，投机热潮迅速冷却，南海公司的股价也一落千丈。英国政府开始对南海公司资产进行清理，尔后南海公司宣布破产，数以万计的股东和债权人从神话般的美梦中醒来，他们蒙受了巨大的损失。

股东和债权人向英国议会提出严惩欺诈者并给予赔偿损失的要求。英国议会为此成立了特别委员会，并聘请了一位资深的会计师查尔斯·斯内尔（Charles Snell）审核该公司的账簿。通过审核，指出了南海公司存在重大舞弊行为和会计记录严重失实等问题，据此查处了该公司的主要负责人。于是，审核该公司账簿的人开创了世界注册会计师行业的先河，注册会计师审计由此在英国拉开了序幕。

为了监督经营者的经营管理，防止其营私舞弊，保护投资者、债权人利益，避免"南海公司事件"重演，英国政府于1844年颁布了《公司法》，规定股份公司必须设监察人，负责审查公司的账目。1845年，又对《公司法》进行了修订，规定股份公司的账目必须经董事以外的人员审计。此后，英国政府对一批精通会计业务、熟悉查账知识的独立会计师进行了资格确认。1853年，苏格兰爱丁堡创立了第一个注册会计师的专业团体——爱丁堡会计师协会。该协会的成立，标志着注册会计师职业的诞生。1862年，英国《公司法》又确定注册会计师为法定的破产清算人，奠定了注册会计师审计的法律地位。

这一时期英国注册会计师审计的主要特点是：注册会计师审计的法律地位得到了法律确认；审计的目的是查错防弊，保护企业资产的安全和完整；审计的方法是对会计账目进行详细审计；审计报告使用人主要为企业股东等。

三、注册会计师审计的发展

从20世纪初开始，全球经济发展重心逐步由欧洲转向美国。因此，美国的注册会计师审计得到了迅速发展，它对注册会计师职业在全球的迅速发展发挥了重要作用。

在这一时期，美国注册会计师审计的主要特点是：审计对象由会计账目扩大到资产负债表；审计的主要目的是通过对资产负债表数据的检查，判断企业信用状况；审计方法从详细审计初步转向抽样审计；审计报告使用人除企业股东外，扩大到了债权人。

从1929年到1933年，资本主义世界经历了历史上最严重的经济危机，大批企业倒闭，投资者和债权人蒙受了巨大的经济损失。这在客观上促进了审计的进一步发展。在这一时期，注册会计师审计的主要特点是：审计对象转为以资产负债表和损益表为中心的全部财务报表及相关财务资料；审计的主要目的是对财务报表发表审计意见，以确定财务报表的可信性，查错防弊转为次要目的；审计的范围已扩大到测试相关的内部控制，并广泛采用抽样审计；审计报告使用人扩大到股东、债权人、证券交易机构、税务、金融机构及潜在投资者；审计准则开始拟订，审计工作向标准化、规范化过渡；注册会计师资格考试制度广泛推行，注册会计师专业素质普遍提高。

任务二　解读政府审计

【任务案例】

┤审计结果公告⊖├

2017年第1号公告：医疗保险基金审计结果

2016年第31号公告：审计署移送至2016年底已处理的违纪违法问题情况

2016年第30号公告：关于2015年度中央预算执行和其他财政收支审计查出问题整改情况

......

2015年第3号公告：审计署关于2,448宗矿业权的审计结果

2015年第2号公告：中央部门单位2013年度预算执行情况和其他财政收支情况审

⊖　信息来源于中华人民共和国审计署网站。

计发现问题的整改结果

　　2015 年第 1 号公告：关于 2013 年度中央预算执行和其他财政收支审计查出问题整改情况

　　2014 年第 23 号公告：审计署移送至 2014 年 11 月已办结 40 起经济案件和事项处理情况

　　2014 年第 22 号公告：2013 年城镇保障性安居工程跟踪审计结果

　　2014 年第 21 号公告：审计署 2013 年度预算执行情况和其他财政收支情况检查结果

　　2014 年第 20 号公告：中央部门单位 2013 年度预算执行情况和其他财政收支情况审计结果

　　2014 年第 19 号公告：中国冶金科工集团有限公司 2012 年度财务收支审计结果

　　2014 年第 18 号公告：华润（集团）有限公司 2012 年度财务收支审计结果

　　……

　　2014 年第 9 号公告：中国烟草总公司 2012 年度财务收支审计结果

　　……

　　2014 年第 7 号公告：中国银行股份有限公司 2012 年度资产负债损益审计结果

　　……

　　2014 年第 4 号公告：西电东送 21 个输变电项目审计结果

　　2014 年第 3 号公告：审计署关于 36 个县 2012 年机构运转支出情况的审计调查结果

　　……

　　2013 年第 25 号公告：5,044 个能源节约利用、可再生能源和资源综合利用项目审计结果

　　2013 年第 24 号公告：36 个地方政府本级政府性债务审计结果

　　……

【任务处理】

一、政府审计机关和人员

（一）政府审计机关

　　政府审计机关是代表政府依法行使审计监督权的行政机关，它具有宪法赋予的独立性和权威性。1982 年 12 月 4 日我国公布的《中华人民共和国宪法》第九十一条规定，国务院设立审计机关，对国务院各部门和地方各级政府的财政收支，对国家的财政金融机构和企事业组织的财务收支，进行审计监督。审计机关在国务院总理领导下，依照法律规定独立行使审计监督权，不受其他行政机关、社会团体和个人的干涉。

　　县级以上各级人民政府设立审计机关，如北京市审计局等。地方各级审计机关分别在省长、自治区主席、市长、州长、县长、区长和上一级审计机关的领导下，组织领导本行政区的审计工作，负责领导本级审计机关审计范围内的审计事项，对上级审计机关和本级人民政府负责并报告工作。

（二）政府审计机关的审计人员

国家审计署的审计长是国务院的组成人员，由国务院总理提名，全国人民代表大会决定人选，国家主席任免；副审计长由国务院任免。县级以上地方各级审计局局长是本级人民政府的组成人员，由本级人民代表大会常务委员会决定任免；副局长由本级人民政府任免。审计工作人员主要由熟悉审计业务并具备财会、法律和经济管理知识与技能的专业人员组成。

二、政府审计业务的执行

（1）政府审计依据《审计法》和政府审计准则完成。

（2）政府审计的经费来源于财政预算。

（3）政府审计机构可根据法律、法规规定对被审计单位行使审计监督权而不管被审计单位是否愿意接受。

（4）政府审计需对以下内容进行审计监督：

1）对本级各部门（含直属单位）和下级政府预算的执行情况和决算以及其他财政收支情况进行审计监督。

2）对国有金融机构的资产、负债、损益进行审计监督。

3）对国家的事业组织和使用财政资金的其他事业组织的财务收支进行审计监督。

4）对国有企业的资产、负债、损益进行审计监督。

5）对国有资本占控股地位或者主导地位的企业、金融机构的审计监督，由国务院规定。

6）对政府投资和以政府投资为主的建设项目的预算执行情况和决算进行审计监督。

7）对政府部门管理的和其他单位受政府委托管理的社会保障基金、社会捐赠资金以及其他有关基金、资金的财务收支进行审计监督。

8）对国际组织和外国政府援助、贷款项目的财务收支进行审计监督。

9）对国家机关和依法属于审计机关审计监督对象的其他单位的主要负责人，在任职期间对本地区、本部门或者本单位的财政收支、财务收支以及有关经济活动应负经济责任的履行情况进行审计监督。

（5）政府审计在审定审计报告后，对违反国家规定的财政收支、财务收支行为，依法应当给予处理、处罚的，在法定职权范围内做出审计决定或者向有关主管机关提出处理、处罚的意见。

[巩固拓展]

中国铝业公司2014年度财务收支审计结果（2016年6月29日公告）

······

二、审计发现的主要问题

（一）财务管理和会计核算方面。

1. 2014年，中铝公司在合并财务报表时未充分抵销所属企业间的关联往来和关联交易，导致多计资产9.24亿元、负债7.21亿元、所有者权益2.03亿元，多计收入1.51亿元、成本 1.34 亿元、利润 1,623.36 万元。

2. 2009 年 11 月至 12 月，中铝公司以循环购销等方式虚增当年收入及成本，造成货物购销差价等损失 4,069.48 万元。

3. 2014 年，所属云铜集团为完成业务考核目标，通过虚构购销业务，虚增当年收入及成本 42.04 亿元；造成货物购销差价损失 47.53 万元。

（二）企业重大决策和管理方面。

1. 2010 年，中铝公司未经评估、尽职调查和主管部门审批，违规批准所属山西铝厂等 2 家企业投资 5.42 亿元参股煤炭企业，并为其银行借款提供担保，因对方资金链面临断裂，形成 4.48 亿元连带偿债风险。

……

（三）发展潜力方面。

1. 2011 年至 2014 年，中铝公司科技投入比重分别为 1.56%、1.82%、1.31%、1.13%，研发投资比重分别为 1.33%、1.32%、0.76%、0.68%，与监管部门 2.5%、1.8% 的要求均存在较大差距。

……

（四）廉洁从业方面。

1. 2012 年和 2014 年，中铝公司本部及所属云铜集团等 2 家单位违规购买 14 辆高档公务车，共计 654.44 万元，其中中央八项规定出台后购买 1 辆、金额 38 万元。

……

三、审计处理及整改情况

对此次审计发现的问题，审计署已依法出具了审计报告、下达了审计决定书。中铝公司具体整改情况由其自行公告。

案例分析：

1. 国有企业属于政府审计监督的内容。

2. 政府审计机关有权对审计过程中发现的问题提出整改建议。

3. 政府审计机关将审计结果及时进行了公告。

任务三　解读内部审计

【任务案例】

|××股份有限公司内部审计管理制度（节选)|

……

第二章　内部审计组织机构及职责

第四条　公司设审计监察小组，其成员由一名董事和具备岗位能力的专职审计人员组成。小组中的董事成员为审计负责人，由董事会选聘。审计监察小组由公司董事会领导，负责监督、核查公司财务制度的执行情况和财务状况以及有关经济活动的真实性、合法性、效益性，组织、协调和实施公司内部审计工作，审计负责人向董事会负责并报告工作。

第五条 审计监察小组根据年度审计计划和董事会要求开展内部审计工作，审计监察小组可根据审计工作需要，从公司所属部门临时抽调人员组成审计组，各部门不得以任何借口拒绝抽调。

第六条 实行审计回避制度，与审计事项有牵涉或亲属关系的人员不得参与内部审计工作。

第七条 公司为内部审计机构的正常运作创造必要的工作条件。

1. 内部审计机构和审计人员履行职责所必需的经费，进入公司经费预算，以保证审计工作能独立、公正地进行。

2. 公司的经营规划、计划，财务计划、财务报表等资料等应无条件提供给审计人员，保证其及时掌握信息。

第八条 公司审计监察小组职责。

1. 依照国家法律、法规和公司规章制度的有关规定，独立行使审计监督权，在公司范围内开展内部审计工作。

2. 财务审计：对公司财务计划、财务预算执行和决算情况，与财务收支相关的经济活动及公司经济效益，财务管理内控制度执行情况，公司资金和财产管理情况，专项资金提取、使用情况进行内部审计监督。

3. 对公司内部管理控制制度以及执行国家财经法规情况进行内部审计监督。对公司内部管理控制制度的合法性、健全性和有效性进行测评，对执行国家财经法规情况进行检查，以促进公司经营管理的改善和加强，维护正常的经济秩序，保障公司持续、健康、快速地发展。

4. 基本建设项目审计：对基本建设、技术改造项目合同执行情况，工程项目预、决算违规违章情况进行内部审计监督。

5. 合同审计：对公司大宗物资采购合同、产品营销合同、承包租赁合同、技术转让合同及其他合同执行情况，存在的问题和违规违章情况进行内部审计监督。

6. 公司高层管理人员离任审计：公司经理层以上人员离任、调职，对其任职期间履行职责情况、经济活动及个人收入情况进行内部审计监督。

7. 责任审计：对公司各部门负有经济责任的管理人员进行责任审计，以促进加强经营管理，提高公司经济效益。

8. 对与公司经济活动有关的特定事项，向公司有关部门或个人进行专项审计调查，并向董事会报告审计调查结果。

9. 对公司的对外投资及收益分配进行内部审计监督。

10. 参加公司经营管理方面的有关会议，参与研究制定有关规章制度；对重大经营决策和投资方案提出意见和建议。

......

任务处理

一、内部审计机构和人员

设立内部审计机构必须符合审计独立性的要求。无论是部门中的还是企业单位中的内部审计机构，都必须保持其组织上和业务上的独立性。既不能把内部审计机构附设在财务部门中，也不能附设在其他职能部门中。

内部审计的组织机构设置，主要有三种情况：第一种是受本单位董事会或董事会所设的审计委员会的领导，内部审计人员不受企业经营管理部门的约束；第二种是受本单位最高管理者直接领导；第三种是受本单位总会计师的领导。目前，我国的内部审计机构，由本部门、本单位负责人直接领导，并应接受国家审计机关和上级主管部门内部审计机构的指导和监督。

| 任务案例分析 |

公司审计监察小组由公司董事会领导，审计负责人向董事会负责并报告工作。

内部审计部门及人员应该是专门从事审计工作的机构和人员，它完全置身于其他具体的业务活动之外。

| 任务案例分析 |

公司审计监察小组由一名董事和具备岗位能力的专职审计人员组成。

二、内部审计业务的执行

内部审计机构是本部门、本单位的一个部门，内部审计人员是本部门、本单位的职工，因而可根据需要随时对本部门、本单位的问题进行审查。开展内部审计的理由如下：一是可以根据需要，简化审计程序，在本部门、本单位负责人的领导下，及时开展审计；二是可以通过日常了解，及时发现管理中存在的问题或问题的苗头，并且可以迅速与有关职能部门沟通或向本部门、本单位最高管理者反映，以便采取措施，纠正已经出现和可能出现的问题。

1. 内部审计的程序

内部审计的程序主要包括规划、实施、终结和后续审计四个阶段。由于内部审计机构对本部门、本单位的情况比较熟悉，在具体实施审计过程中，各个阶段的工作都大为简化。一是规划阶段中的许多工作，往往可以结合日常工作进行，从而使规划工作量得以减少，时间也大为缩短。审计项目计划通常由内部审计机构根据上级部门和本部门、本单位的具体情况拟定，并报本部门、本单位领导批准后实施。二是内部审计的实施过程，针对性比较强，许多资料和调查都依赖内部审计人员的平时积累。三是内部审计机构提出审计报告后，通常由所在部门和单位出具审计意见书或做出审计决定。四是被审计单位对审计意见书和审计决定如有异议，可以向内部审计机构所在部门、单位负责人提出。

2．内部审计的范围

内部审计主要是为单位经营管理服务的，这就决定了内部审计的范围必然要涉及单位经济活动的方方面面。

3．内部审计工作的内容。

内部审计工作的内容包括以下几部分：

（1）财政财务收支审计。

| 任务案例分析 |

财务审计对以下情况进行内部审计监督：公司财务计划、财务预算执行和决算情况；与财务收支相关的经济活动及公司经济效益；财务管理内控制度执行情况；公司资金和财产管理情况；专项资金提取、使用情况。

（2）经济效益审计。企业单位（包括金融企业）内部审计所进行的经济效益审计，主要从改进生产经营和完善内部管理制度两个方面入手。

| 任务案例分析 |

对公司的对外投资及收益分配进行内部审计监督。

（3）经济责任审计。经济责任审计是指审计人员依法对经济责任人所承担的经济责任的执行情况进行的审查。

| 任务案例分析 |

对公司总经理的离任审计。

知识归纳

一、注册会计师审计

1．审计机构

会计师事务所主要有独资、普通合伙制、有限责任公司制、有限责任合伙制四种组织形式。

2．业务范围

会计师事务所的业务主要包括鉴证业务和非鉴证业务。

3．鉴证业务的三方关系人

鉴证业务涉及的三方关系人包括注册会计师、责任方和预期使用者。责任方与预期使用者可能是同一方，也可能不是同一方。

二、政府审计

1．审计机构

国务院设立审计署，县级以上各级人民政府设立地方审计机关。

2. 业务范围

对被审计单位行使审计监督权，做出审计决定或者向有关主管机关提出处理、处罚的意见。

三、内部审计

内部审计机构是本部门、本单位的一个部门。内部审计的工作内容主要包括财政财务收支审计、经济效益审计和经济责任审计等。

（参考资源）

中华人民共和国审计署网站　　http://www.audit.gov.cn

中国内部审计协会网站　　　　http://www.ciia.com.cn

中国注册会计师协会网站　　　http://www.cicpa.org.cn

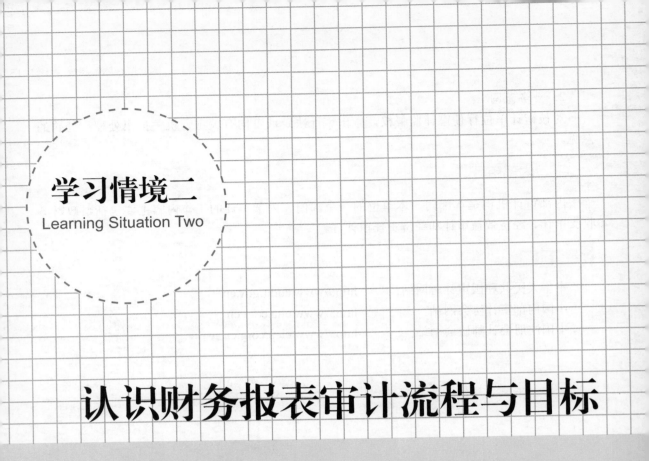

学习情境二
Learning Situation Two

认识财务报表审计流程与目标

学习目标

● 能掌握财务报表审计流程。

● 能确定财务报表审计的总目标。

● 能确定财务报表审计的具体目标。

任务一　认识财务报表审计流程

财务报表审计流程如图2-1所示。

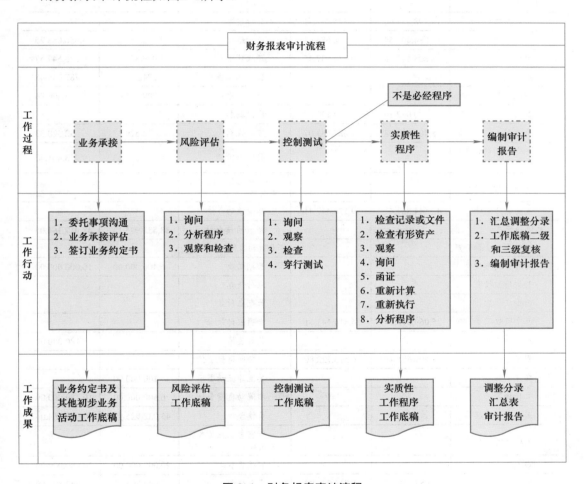

图 2-1　财务报表审计流程

【任务案例】

　　2018 年 1 月 10 日，华腾有限责任公司（以下简称"华腾公司"）委托中睿琪会计师事务所对其 2017 年度财务报表进行审计。华腾公司之前的年报审计一直由中华胜会计师事务所完成。

　　华腾公司的资产负债表和利润表分别见表 2-1 和表 2-2。

表 2-1 资产负债表

编制单位：华腾有限责任公司　　　　　　2017年12月31日　　　　　　单位：元

项目	年末余额	期初余额	项目	年末余额	期初余额
流动资产：			流动负债：		
货币资金	3,416,822.61	955,473.13	短期借款	15,085,745.09	12,722,340.00
以公允价值计量且其变动计入当期损益的金融资产			以公允价值计量且其变动计入当期损益的金融负债		
应收票据	13,498,934.60	21,325,741.31	应付票据		
应收账款	11,384,407.54	20,548,684.63	应付账款	7,452,755.21	13,656,088.25
预付款项	8,808,637.38	9,234,937.45	预收款项	1,069,371.02	675,547.57
应收股利			应付职工薪酬	274,549.50	782,259.48
应收利息			应交税费	209,736.45	1,115,006.96
其他应收款	30,072.20	22,127.82	应付利息		
存货	5,405,993.08	7,087,483.07	应付股利	32,520.33	32,520.33
一年内到期的非流动资产			其他应付款	14,408,247.53	19,933,401.47
其他流动资产			一年内到期的非流动负债		
流动资产合计	42,544,867.41	59,174,447.41	其他流动负债		
非流动资产：			流动负债合计	38,532,925.13	48,917,164.06
可供出售金融资产			非流动负债：		
持有至到期投资			长期借款	6,400,000.00	10,000,000.00
长期债权投资			应付债券		
长期应收款			长期应付款		
长期股权投资	25,069,512.27	24,814,141.71	专项应付款		
投资性房地产			预计负债		180,000.00
固定资产	6,697,601.43	6,515,722.80	递延所得税负债		
在建工程			其他非流动负债	100,000.00	
工程物资			非流动负债合计	6,500,000.00	10,180,000.00
固定资产清理			负债合计	45,032,925.13	59,097,164.06
生产性生物资产			所有者权益（或股东权益）		
油气资产			实收资本	20,000,000.00	20,000,000.00
无形资产	6,953,339.27	1,813,041.08	资本公积	642,802.60	642,802.60
开发支出			减：库存股		
商誉			其他综合收益		
长期待摊费用（递延资产）			盈余公积	3,074,828.71	2,779,250.47
递延所得税资产	86,124.70	214,279.38	未分配利润	12,600,888.64	10,012,415.25
其他非流动资产（其他长期资产）			所有者权益合计	36,318,519.95	33,434,468.32
非流动资产合计	38,806,577.67	33,357,184.97			
资产合计	81,351,445.08	92,531,632.38	负债和所有者权益合计	81,351,445.08	92,531,632.38

表 2-2 利润表

编制单位：华腾有限责任公司　　　　2017年度　　　　单位：元

项目	本期金额	上期金额
一、营业收入	54,557,286.86	195,641,312.83
减：营业成本	43,945,347.39	183,951,549.64
税金及附加	186,630.57	116,165.37
销售费用	673,828.00	591,524.36
管理费用	5,057,082.83	5,474,000.16
财务费用	2,096,131.56	2,398,433.32
资产减值损失	−434,364.47	21,010.48
加：公允价值变动收益（损失以"−"填列）	0.00	—
投资收益（损失以"−"号填列）	−70,334.85	4,426,377.38
其中：对联营企业和合营企业的投资收益	0.00	—
二、营业利润（亏损以"−"号填列）	2,962,296.13	7,515,006.88
加：营业外收入	48,000.00	—
减：营业外支出	0.00	34,514.61
其中：非流动资产处置损失		
三、利润总额（亏损总额以"−"号填列）	3,010,296.13	7,480,492.27
减：所得税费用	126,244.32	769,304.03
四、净利润（净亏损"−"号填列）	2,884,051.81	6,711,188.24

【任务处理】

如图2-1所示，财务报表审计一般包括业务承接、风险评估、进一步程序（控制测试和实质性程序）和审计终结阶段（编制审计报告等工作）。

一、业务承接

（一）委托事项沟通

（1）与被审计单位沟通。

┤ 任务案例分析 ├

中睿琪会计师事务所与华腾公司沟通的事项如下：

1）审计的目标。因为中睿琪会计师事务所是对2017年度会计报表进行审计，中睿琪会计师事务所的审计目标是对华腾公司的财务报表发表审计意见。

2）审计报告的用途。华腾公司委托中睿琪会计师事务所对2017年度财务报表进行审计，主要是为了年检之用。

3）管理层对财务报表的责任。按照企业会计准则和《企业会计制度》的规定编制财务报表是华腾公司管理层的责任。这种责任包括：①设计、实施和维护与财务报表编制相关的内部控制，以使财务报表不存在由于舞弊或错误而导致的重大错报；②选择和运用恰当的会计政策；③做出合理的会计估计。

中睿琪会计师事务所应承担的责任是在实施审计工作的基础上对财务报表发表审计意见。审计人员应遵守职业道德规范，计划和实施审计工作以对财务报表是否不存在重大错报获取合理保证。

4）审计范围。按照华腾公司的委托意向，审计范围是 2017 年 12 月 31 日的资产负债表和该年度的利润表、股东权益变动表，以及相关会计凭证账簿资料。

5）执行审计工作的安排，包括出具审计报告的时间要求。华腾公司和中睿琪会计师事务所协商决定于 2018 年 2 月 28 日之前出具审计报告。

6）审计报告格式和对审计结果的其他沟通形式。由于是财务报表审计，要出具格式统一的审计报告。

7）管理层提供必要的工作条件和协助。

8）注册会计师不受限制地接触任何与审计有关的记录、文件和所需要的其他信息。

9）利用被审计单位专家或内部审计人员的程度（必要时）。

10）审计收费。双方协商确定，审计收费为人民币 50,000 元整。

（2）初步了解被审计单位及其环境，并予以记录。

（3）征得被审计单位书面同意后，与前任注册会计师沟通。

| 任务案例分析 |

中睿琪会计师事务所在取得华腾公司的书面同意文件后，可以与华胜会计师事务所进行沟通，了解其不再审计的原因以及以前年度的审计情况。

（二）业务承接评价

1. 判断是否存在可能对职业道德基本原则产生不利影响的因素

（1）判断是否存在自身利益导致不利影响的情形。

（2）判断是否存在自我评价导致不利影响的情形。

（3）判断是否存在过度推介导致不利影响的情形。

（4）判断是否存在密切关系导致不利影响的情形。

（5）判断是否存在外在压力导致不利影响的情形。

| 任务案例分析 |

中睿琪会计师事务所有很多类似华腾公司规模的客户，也没有审计人员在该公司从事会计和管理工作，不存在任何关联关系。中睿琪会计师事务所与华腾公司是正常的业务往来关系，没有受到外界的任何压力。中睿琪会计师事务所认为自己不论是在形式上还是在实质上均独立于华腾公司。

2. 专业胜任能力评价

| 任务案例分析 |

由于中睿琪会计师事务所之前进行过类似公司的审计，有着同类公司审计丰富的审计经验，同时，人员安排上也并不紧张，所以该事务所认为自己有能力承接华腾公司年报审计的业务。

（三）签订审计业务约定书

|| 任务案例分析 ||

中睿琪会计师事务决定接受华腾公司委托，承担其 2017 年年报审计的业务。签订业务约定书如下：

审计业务约定书

甲方：华腾有限责任公司　　　　　　乙方：中睿琪会计师事务所有限公司

兹由甲方委托乙方对 2017 年度财务报表进行审计，经双方协商，达成以下约定：

一、业务范围与审计目标

（1）乙方接受甲方委托，对甲方按照企业会计准则编制的 2017 年 12 月 31 日的资产负债表，2017 年度的利润表、股东权益变动表和现金流量表以及财务报表附注（以下统称财务报表）进行审计。

（2）乙方通过执行审计工作，对财务报表的下列方面发表审计意见：

1）财务报表是否按照企业会计准则的规定编制。

2）财务报表是否在所有重大方面公允反映被审计单位的财务状况、经营成果和现金流量。

二、甲方的责任与义务

（一）甲方的责任

（1）根据《中华人民共和国会计法》及《企业财务会计报告条例》，甲方及甲方负责人有责任保证会计资料的真实性和完整性。因此，甲方管理层有责任妥善保存和提供会计记录（包括但不限于会计凭证、会计账簿及其他会计资料），这些记录必须真实、完整地反映甲方的财务状况、经营成果和现金流量。

（2）按照企业会计准则的规定编制财务报表是甲方管理层的责任，这种责任包括：①设计、实施和维护与财务报表编制相关的内部控制，以使财务报表不存在由于舞弊或错误而导致的重大错报；②选择和运用恰当的会计政策；③做出合理的会计估计。

（二）甲方的义务

（1）及时为乙方的审计工作提供其所要求的全部会计资料和其他有关资料，并保证所提供资料的真实性和完整性。

（2）确保乙方不受限制地接触任何与审计有关的记录、文件和所需的其他信息。

（3）甲方管理层对其做出的与审计有关的声明予以书面确认。

（4）为乙方派出的有关工作人员提供必要的工作条件和协助，主要事项将由乙方于外勤工作开始前提供清单。

（5）按本约定书的约定及时足额支付审计费用以及乙方人员在审计期间的交通、食宿和其他相关费用。

三、乙方的责任和义务

（一）乙方的责任

（1）乙方的责任是在实施审计工作的基础上对甲方财务报表发表审计意见。乙方按照中国注册会计师审计准则（以下简称审计准则）的规定进行审计。审计准则要求注册会计师遵守职业道德规范，计划和实施审计工作，以对财务报表是否不存在重大错报获取合理保证。

（2）审计工作涉及实施审计程序，以获取有关财务报表金额和披露的审计证据。选择的审计程序取决于乙方的判断，包括对由于舞弊或错误导致的财务报表重大错报风险的评估。在进行风险评估时，乙方考虑与财务报表编制相关的内部控制，以设计恰当的审计程序，但目的并非对内部控制的有效性发表意见。审计工作还包括评价管理层选用会计政策的恰当性和做出会计估计的合理性，以及评价财务报表的总体列报。

（3）乙方需要合理计划和实施审计工作，以使乙方能够获取充分、适当的审计证据，为甲方财务报表是否不存在重大错报获取合理保证。

（4）乙方有责任在审计报告中指明所发现的甲方在重大方面没有遵循企业会计准则编制财务报表且未按乙方的建议进行调整的事项。

（5）由于测试的性质和审计的其他固有限制，以及内部控制的固有局限性，不可避免地存在着某些重大错报在审计后可能仍然未被乙方发现的风险。

（6）在审计过程中，乙方若发现甲方内部控制存在乙方认为的重要缺陷，应向甲方提交管理建议书。但乙方在管理建议书中提出的各种事项，并不代表已全面说明所有可能存在的缺陷或已提出所有可行的改善建议。甲方在实施乙方提出的改善建议前应全面评估其影响。未经乙方书面许可，甲方不得向任何第三方提供乙方出具的管理建议书。

（7）乙方的审计不能减轻甲方及甲方管理层的责任。

（二）乙方的义务

（1）按照约定时间完成审计工作，出具审计报告。乙方应于 2018 年 2 月 28 日前出具审计报告。

（2）除下列情况外，乙方应当对执行业务过程中知悉的甲方信息予以保密：①取得甲方的授权；②根据法律法规的规定，为法律诉讼准备文件或提供证据，以及向监管机构报告发现的违反法规行为；③接受行业协会和监管机构依法进行的质量检查；④监管机构对乙方进行行政处罚（包括监管机构处罚前的调查、听证）以及乙方对此提起行政复议。

四、审计收费

（1）本次审计服务的收费是以乙方各级别工作人员在本次工作中所耗费的时间为基础计算的。乙方预计本次审计服务的费用总额为人民币伍万元。

（2）甲方应于本约定书签署之日 10 日内支付 20% 的审计费用，剩余款项于审计报告草稿完成日结清。

（3）如果由于无法预见的原因，致使乙方从事本约定书所涉及的审计服务实际时间较本约定书签订时预计的时间有明显的增加或减少时，甲乙双方应通过协商，相应调整本约定书第四部分第一项下所述的审计费用。

（4）如果由于无法预见的原因，致使乙方人员抵达甲方的工作现场后，本约定书所涉及的审计服务不再进行，甲方不得要求退还预付的审计费用；如上述情况发生于乙方人员完成现场审计工作，并离开甲方的工作现场之后，甲方应另行向乙方支付人民币5,000 元的补偿费，该补偿费应于甲方收到乙方的收款通知之日起 5 日内支付。

（5）与本次审计有关的其他费用（包括交通费、食宿费等）由甲方承担。

五、出具审计报告和审计报告的使用

（1）乙方按照《中国注册会计师审计准则第 1501 号——审计报告》和《中国注册会计师审计准则第 1502 号——标准审计报告》规定的格式和类型出具审计报告。

（2）乙方向甲方出具审计报告一式三份。

（3）甲方在提交或对外公布审计报告时，不得修改或删减乙方出具的审计报告；不得修改或删除重要的会计数据、重要的报表附注和所做的重要说明。

六、本约定书的有效期间

本约定书自签署之日起生效，并在双方履行完毕本约定书约定的所有义务后终止。但其中第三部分第二项第二条和第四、五、八、九、十部分并不因本约定书终止而失效。

七、约定事项的变更

如果出现不可预见的情况，影响审计工作如期完成，或需要提前出具审计报告时，甲乙双方均可要求变更约定事项，但应及时通知对方，并由双方协商解决。

八、终止条款

（1）如果根据乙方的职业道德及其他有关专业职责，适用的法律、法规或其他任何法定的要求，乙方认为已不适宜继续为甲方提供本约定书约定的审计服务时，乙方可以采取向甲方提出合理通知的方式终止履行本约定书。

（2）在终止业务约定的情况下，乙方有权就其于本约定书终止之日前对约定的审计服务项目所做的工作收取合理的审计费用。

九、违约责任

甲乙双方按照《中华人民共和国合同法》的规定承担违约责任。

十、适用法律和争议解决

本约定书的所有方面均应适用中华人民共和国法律进行解释并受其约束。本约定书履行地为乙方出具审计报告所在地，因本约定书所引起的或与本约定书有关的任何纠纷或争议（包括关于本约定书条款的存在、效力或终止，或无效之后果），双方选择第＿＿＿种解决方式：

（1）向有管辖权的人民法院提起诉讼。

（2）提交××仲裁委员会仲裁。

十一、双方对其他有关事项的约定

本约定书一式两份，甲乙方各执一份，具有同等法律效力。

甲方：华腾有限责任公司（盖章）

乙方：中睿琪会计师事务所有限公司（盖章）

授权代表：（签章）　　　　　　　　　授权代表：（签章）

地　　址：　　　　　　　　　　　　　地　　址：

电　　话：　　　　　　　　　　　　　电　　话：

二〇一八年×月×日　　　　　　　　　二〇一八年×月×日

二、风险评估

（一）询问被审计单位管理层和内部其他相关人员

注册会计师除了询问管理层和对财务报告负有责任的人员外，还应当考虑询问内部审计人员、采购人员、生产人员、销售人员等其他人员，并考虑询问不同级别的员工，以获取对识别重大错报风险有用的信息。

（二）分析程序

在实施分析程序时，注册会计师应当预期可能存在的合理关系，并与被审计单位记录的金额、依据记录金额计算的比率或趋势相比较；如果发现异常或未预期到的关系，注册会计师应当在识别重大错报风险时考虑这些比较结果。

（三）观察和检查

（1）观察被审计单位的生产经营活动。
（2）检查文件、记录和内部控制手册。
（3）阅读由管理层和治理层编制的报告。
（4）实地察看被审计单位的生产经营场所和设备。
（5）追踪交易在财务报告信息系统中的处理过程（穿行测试）。

——| 任务案例分析 |——

中睿琪会计师事务主要询问了华腾公司各部门领导、财务人员和一线销售人员；观察公司的生产经营活动，检查了相关制度文件，没有发现重大的问题。事务所采取的风险评估程序相对简单，为了谨慎起见，将重大错报风险水平评价为中等偏高。

三、控制测试

（一）控制测试的情形

当存在下列情形之一时，注册会计师应当实施控制测试：
（1）在评估认定层次重大错报风险时，预期控制的运行是有效的。
（2）仅实施实质性程序不足以提供认定层次充分、适当的审计证据。

（二）控制运行有效性的测试

在测试时，注册会计师应当从下列方面获取关于控制是否有效运行的审计证据：
（1）控制在所审计期间的不同时点是如何运行的。
（2）控制是否得到一贯执行。
（3）控制由谁执行。
（4）控制以何种方式运行。

控制测试与了解内部控制的目的不同，但两者采用审计程序的类型通常相同，包括询问、观察、检查和穿行测试。此外，控制测试的程序还包括重新执行。询问本身并不足以测试控制运行的有效性，注册会计师应当将询问与其他审计程序结合使用，以获取有关控制运行有效性的审计证据。将询问与检查或重新执行结合使用，通常能够比仅实施询问和观察获取更高的保证；观察提供的证据仅限于观察发生的时点，本身不足以测试控制运行的有效性。

┤任务案例分析├

中睿琪会计师事务通过对华腾公司初步了解，认为公司内部控制不是很健全，所以不拟进行控制测试。

四、实质性程序

实质性程序包括对各类交易、账户余额、列报的细节测试以及实质性分析程序。注册会计师实施的实质性程序应当包括下列与财务报表编制完成阶段相关的审计程序：
（1）将财务报表与其所依据的会计记录相核对。
（2）检查财务报表编制过程中做出的重大会计分录和其他会计调整。

┤任务案例分析├

中睿琪会计师事务对华腾公司的审计采用业务循环法，详细内容见表2-3。

表2-3 中睿琪会计师事务所对华腾公司的审计

业务循环	财务报表项目
销售与收款循环	应收票据、应收账款、长期应收款、预收账款、应交税费、营业收入、税金及附加、销售费用等
采购与付款循环	预付账款、固定资产、在建工程、工程物资、固定资产清理、无形资产、研发支出、商誉、长期待摊费用、应付票据、应付账款、长期应付款、管理费用等
存货与仓储循环	存货（包括材料采购、在途物资、原材料、材料成本差异、库存商品、发出商品、商品进销差价、委托加工物资、委托代销商品、受托代销商品、周转材料、生产成本、制造费用、劳务成本、存货跌价准备、受托代销商品款等）、应付职工薪酬、营业成本
筹资与投资循环	财务费用、资产减值损失、公允价值变动损益、投资收益、营业外收入、营业外支出、所得税费用

各交易循环之间的关系如图2-2所示。

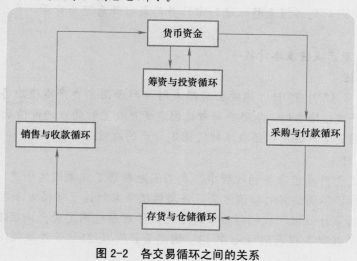

图2-2 各交易循环之间的关系

五、编制审计报告

注册会计师在完成财务报表所有循环的进一步审计程序后，还应当按照有关审计准则的规定做好审计完成阶段的工作，并根据所获取的各种证据，合理运用职业判断，形成适当的审计意见并出具审计报告。本阶段主要工作有：审计工作底稿的整理；复核审计工作底稿和财务报表；与管理层和治理层沟通；评价审计证据，形成审计意见；编制审计报告等。

── │ 任务案例分析 │ ──

假定中睿琪会计师事务所对华腾公司审计后，未发现有重大错报漏报，财务报表合法、公允，出具的审计报告如下：

审 计 报 告

京睿（2018）审字029号

华腾有限责任公司全体股东：

一、审计意见

我们审计了后附的华腾有限责任公司（以下简称"华腾公司"）的财务报表，包括2017年12月31日的资产负债表及股东权益变动表，2017年度的利润表和现金流量表以及财务报表附注。

我们认为，上述财务报表已经按照企业会计准则的规定编制，在所有重大方面公允地反映了贵公司2017年12月31日的财务状况、2017年的经营成果和2017年的现金流量。

二、形成审计意见的基础

我们按照中国注册会计师审计准则的规定执行了审计工作。审计报告的"注册会计师对财务报表审计的责任"部分进一步阐述了我们在这些准则下的责任。按照中国注册会计师职业道德守则，我们独立于华腾公司，并履行了职业道德方面的其他责任。我们相信，我们获取的审计证据是充分、适当的，为发表审计意见提供了基础。

三、关键审计事项

关键审计事项是根据我们的职业判断，认为对本期财务报表审计最为重要的事项。这些事项的应对以对财务报表整体进行审计并形成审计意见为背景，我们不对这些事项单独发表意见。

（一）固定资产减值准备计提

1. 事项描述

截至2017年12月31日，华腾公司报表附注列示固定资产减值准备302.32万元，在计提固定资产减值准备时，华腾公司考虑固定资产处置时的市场价值及快速变现因素，并聘请专家对固定资产运用估值技术核定固定资产的减值。

2. 审计应对

在审计固定资产减值准备的过程中，我们实地勘察了相关固定资产，取得了相关资产的资料，评估了华腾公司的估值方法，并与估值专家讨论了估值方法运用的适当性。

基于获取的审计证据，我们得出审计结论，管理层对固定资产减值准备的计提是合理的，相关信息在财务报表附注七中13"固定资产"及21"资产减值准备明细"中所做出的披露是适当的。

……

四、其他信息

华腾公司管理层对其他信息负责。其他信息包括年度报告中除财务报表和本审计报告以外的信息。

我们对财务报表发表的审计意见不涵盖其他信息，我们也不对其他信息发表任何形式的鉴证结论。

结合我们对财务报表的审计，我们的责任是阅读其他信息，在此过程中，考虑其他信息是否与财务报表或我们在审计过程中了解到的情况存在重大不一致或者似乎存在重大错报。

基于我们已经针对审计报告日前获取的其他信息执行的工作，如果我们确定该其他信息存在重大错报，我们应当报告该事实。在这方面，我们无任何事项需要报告。

五、管理层和治理层对财务报表的责任

华腾公司管理层负责按照企业会计准则的规定编制财务报表，使其实现公允反映，并设计、执行和维护必要的内部控制，以使财务报表不存在由于舞弊或错误导致的重大错报。

在编制财务报表时，管理层负责评估公司的持续经营能力，披露与持续经营相关的事项（如适用），并运用持续经营假设，除非管理层计划清算华腾公司、停止营运或别无其他现实的选择。治理层负责监督华腾公司的财务报告过程。

六、注册会计师对财务报表审计的责任

我们的目标是对财务报表整体是否不存在由于舞弊或错误导致的重大错报获取合理保证，并出具包含审计意见的审计报告。合理保证是高水平的保证，但并不能保证按照审计准则执行的审计在某一重大错报存在时总能发现。错报可能由舞弊或错误所导致，如果合理预期错报单独或汇总起来可能影响财务报表使用者依据财务报表做出的经济决策，则通常认为错报是重大的。在按照审计准则执行审计的过程中，我们运用了职业判断，保持了职业怀疑。同时，我们也执行了以下工作：

（1）识别和评估由于舞弊或错误导致的财务报表重大错报风险；设计和实施审计程序以应对这些风险，并获取充分、适当的审计证据，作为发表审计意见的基础。由于舞弊可能涉及串通、伪造、故意遗漏、虚假陈述或凌驾于内部控制之上，未能发现由于舞弊导致的重大错报的风险高于未能发现由于错误导致的重大错报的风险。

（2）了解与审计相关的内部控制，以设计恰当的审计程序。

（3）评价管理层选用会计政策的恰当性和做出会计估计及相关披露的合理性。

（4）对管理层使用持续经营假设的恰当性得出结论。

同时，根据获取的审计证据，就可能导致对华腾公司持续经营能力产生重大疑虑的事项或情况是否存在重大不确定性得出结论。如果我们得出结论认为存在重大不确定性，审计准则要求我们在审计报告中提请报表使用者注意财务报表中的相关披露；如果披露不充分，我们应当发表非无保留意见。我们的结论基于截至审计报告日可获得的信息。然而，未来的事项或情况可能导致华腾公司不能持续经营。

（5）评价财务报表的总体列报、结构和内容（包括披露），并评价财务报表是否公允反映相关交易和事项。

（6）就华腾公司中实体或业务活动的财务信息获取充分、适当的审计证据，以对财务报表发表意见。我们负责指导、监督和执行集团审计。我们对审计意见承担全部责任。

我们与治理层就计划的审计范围、时间安排和重大审计发现等事项进行沟通，包括沟通我们在审计中识别出的值得关注的内部控制缺陷。

我们还就已遵守与独立性相关的职业道德要求向治理层提供声明，并与治理层沟通可能被合理认为影响我们独立性的所有关系和其他事项，以及相关的防范措施。

从与治理层沟通过的事项中，我们确定哪些事项对本期财务报表审计最为重要，因而构成关键审计事项。我们在审计报告中描述这些事项，除非法律法规禁止公开披露这些事项，或在极少数情形下，如果合理预期在审计报告中沟通某事项造成的负面后果超过在公众利益方面产生的益处，我们确定不应在审计报告中沟通该事项。

中睿琪会计师事务所　　　　　　　　　　　　中国注册会计师　李　明
　　　　　　　　　　　　　　　　　　　　　　中国注册会计师　李丽华
中国北京　　　　　　　　　　　　　　　　　　二〇一八年二月二十四日

巩固拓展一

可能对职业道德基本原则产生不利影响的因素

一、自身利益导致不利影响的情形

（1）鉴证业务项目组成员在鉴证客户中拥有直接经济利益。

（2）会计师事务所的收入过分依赖某一客户。

（3）鉴证业务项目组成员与鉴证客户存在重要且密切的商业关系。

（4）会计师事务所担心可能失去某一重要客户。

（5）鉴证业务项目组成员正在与鉴证客户协商受雇于该客户。

（6）会计师事务所与客户就鉴证业务达成或有收费的协议。

（7）注册会计师在评价所在会计师事务所以往提供的专业服务时，发现了重大错误。

二、自我评价导致不利影响的情形

（1）会计师事务所在对客户提供财务系统的设计或操作服务后，又对系统的运行有效性出具鉴证报告。

（2）会计师事务所为客户编制原始数据，这些数据构成鉴证业务的对象。

（3）鉴证业务项目组成员担任或最近曾经担任客户的董事或高级管理人员。

（4）鉴证业务项目组成员目前或最近曾受雇于客户，并且所处职位能够对鉴证对象施加重大影响。

（5）会计师事务所为鉴证客户提供直接影响鉴证对象信息的其他服务。

三、过度推介导致不利影响的情形

（1）会计师事务所推介审计客户的股份。

（2）在审计客户与第三方发生诉讼或纠纷时，注册会计师担任该客户的辩护人。

四、密切关系导致不利影响的情形

（1）项目组成员的近亲属担任客户的董事或高级管理人员。

（2）项目组成员的近亲属是客户的员工，其所处职位能够对业务对象施加重大影响。

（3）客户的董事、高级管理人员或所处职位能够对业务对象施加重大影响的员工，最近曾担任会计师事务所的项目合伙人。

（4）注册会计师接受客户的礼品或款待。

（5）会计师事务所的合伙人（高级员工）与鉴证客户存在长期业务关系。

这里的项目合伙人是指会计师事务所中负责某项业务及其执行，并代表会计师事务所在报告上签字的合伙人。在有限责任制的会计师事务所中，项目合伙人是指主任会计师、副主任会计师或具有同等职位的高级管理人员。如果项目合伙人以外的其他注册会计师在业务报告上签字，中国注册会计师职业道德守则对项目合伙人做出的规定也适用于该签字注册会计师。

五、外在压力导致不利影响的情形

（1）会计师事务所受到客户解除业务关系的威胁。

（2）审计客户表示，如果会计师事务所不同意对某项交易的会计处理，则不再委托其承办拟议中的非鉴证业务。

（3）客户威胁将起诉会计师事务所。

（4）会计师事务所受到降低收费的影响而不恰当地缩小工作范围。

（5）由于客户员工对所讨论的事项更具有专长，注册会计师面临服从其判断的压力。

（6）会计师事务所合伙人告知注册会计师，除非同意审计客户不恰当的会计处理，否则将影响晋升。

巩固拓展二

经 济 利 益

一、经济利益的种类

经济利益包括直接经济利益和间接经济利益。直接经济利益是指下列经济利益：

（1）个人或实体直接拥有并控制的经济利益（包括授权他人管理的经济利益）。

（2）个人或实体通过投资工具拥有的经济利益，并且有能力控制这些投资工具，或影响其投资决策。

间接经济利益是指个人或实体通过投资工具拥有的经济利益，但没有能力控制这些投资工具，或影响其投资决策。

确定经济利益是直接的还是间接的，取决于受益人能否控制投资工具或具有影响投资决策的能力。如果受益人能够控制投资工具或具有影响投资决策的能力，这种经济利益为直接经济利益。如果受益人不能控制投资工具或不具有影响投资决策的能力，这种经济利益为间接经济利益。

二、对独立性产生不利影响的情形和防范措施

对独立性产生不利影响的情形包括

（1）会计师事务所、审计项目组成员或其主要近亲属不得在审计客户中拥有直接经济利益或重大间接经济利益。主要近亲属是指配偶、父母与子女。

（2）如果审计项目组某一成员的其他近亲属在审计客户中拥有直接经济利益或重大间接经济利益，将因自身利益产生非常严重的不利影响。其他近亲属是指兄弟姐妹、祖父母、外祖父母、孙子女、外孙子女。

会计师事务所应当评价不利影响的严重程度，并在必要时采取防范措施消除不利影响或将其降低至可接受的水平。

防范措施主要包括：其他近亲属尽快处置全部经济利益，或处置全部直接经济利益并处置足够数量的间接经济利益，以使剩余经济利益不再重大；由审计项目组以外的注册会计师复核该成员已执行的工作；将该成员调离审计项目组。

巩固拓展三

贷 款

一、从银行或类似金融机构等审计客户取得贷款或获得贷款担保

如果审计客户不按照正常的程序、条款和条件提供贷款或担保，将因自身利益产生非常严重的不利影响，导致没有防范措施能够将其降低至可接受的水平。会计师事务所、审计项目组成员或其主要近亲属不得接受此类贷款或担保。

如果会计师事务所按照正常的贷款程序、条款和条件，从银行或类似金融机构等审计客户取得贷款，即使该贷款对审计客户或会计师事务所影响重大，也可能通过采取防范措施将因自身利益产生的不利影响降低至可接受的水平。采取的防范措施包括由网络中未参与执行审计业务并且未接受该贷款的会计师事务所复核已执行的工作等。

审计项目组成员或其主要近亲属从银行或类似金融机构等审计客户取得贷款，或由审计客户提供贷款担保，如果按照正常的程序、条款和条件取得贷款或担保，则不会对独立性产生不利影响。

二、从不属于银行或类似金融机构等审计客户取得贷款或由其提供担保

会计师事务所、审计项目组成员或其主要近亲属从不属于银行或类似金融机构的审计客户取得贷款，或由审计客户提供贷款担保，将因自身利益产生非常严重的不利影响，导致没有防范措施能够将其降低至可接受的水平。

三、向审计客户提供贷款或为其提供担保

会计师事务所、审计项目组成员或其主要近亲属向审计客户提供贷款或为其提供担保，将因自身利益产生非常严重的不利影响，导致没有防范措施能够将其降低至可接受的水平。

四、在审计客户开立存款或交易账户

会计师事务所、审计项目组成员或其主要近亲属在银行或类似金融机构等审计客户开立存款或交易账户，如果账户按照正常的商业条件开立，则不会对独立性产生不利影响。

（巩固拓展四）

重要性与审计风险

一、重要性

重要性取决于在具体环境下对错报金额和性质的判断。如果一项错报单独或连同其他错报可能影响财务报表使用者依据财务报表做出的经济决策，则该项错报是重大的。

（1）在考虑重要性时，注册会计师应当了解并评估哪些因素可能会影响预期使用者的决策。例如，特定标准允许鉴证对象信息的列报方式存在差异，那么注册会计师就应考虑采用的列报方式会对预期使用者产生多大的影响。

（2）重要性包括数量和性质两方面的因素，注册会计师应当综合数量和性质因素考虑重要性。在具体业务中评估重要性以及数量和性质因素的相对重要程度，需要注册会计师运用职业判断。

｜巴克雷斯建筑公司案例｜

巴克雷斯建筑公司在保龄球风靡美国时，开始为一些投资辛迪加承建保龄球道，该公司连续几年财务报表销售额直线上升，但在其对外发行 15 年期的长期债券之后半年，就因还不起半年利息而宣布破产。债券持有人集体上诉，状告巴克雷斯建筑公司和为它审计复核 S-1 表的毕马威会计师事务所。在巴克雷斯建筑公司集体上诉案中，主审法官集中讨论三个问题：①巴克雷斯建筑公司在申请发行利率 5.5%、期限 15 年债券时所递交的 S-1 表中，是否包含错误的披露。②如果表中有错误的披露，这些错误是否"重大"。③在核实表的内容有无重大错误时，被告人审计人员是否履行了应尽的谨慎责任。具体 S-1 表审计情况见表 2-4。

表 2-4 "S-1 表"审计情况

	S-1表	正确数额	高估额	高估比例（%）
销售收入	9,165,320	8,511,420	653,900	7.7%
营业净收益	1,742,801	1,496,196	246,605	16.5%
每股收益	0.75	0.65	0.10	15.3%
流动比率	1.9	1.6	0.3	18.8%

请判断 S-1 表中，哪些错报是重大的？

注册会计师应当考虑较小金额错报的累计结果可能对财务报表产生重大影响。

｜南方保健公司案例｜

2003 年 3 月 18 日，美国最大的医疗保健公司——南方保健公司会计造假丑闻败露。该公司在 1997～2002 年上半年期间，虚构了 24.69 亿美元的利润，虚假利润相当于该期间实际利润（-1,000 万美元）的 247 倍。将为其财务报表进行审计的安永会计师事务所（以下简称安永），置于风口浪尖上。

安永审计失败的原因有很多。但其中非常重要的一个原因在于南方保健公司的人员规避了会计师事务所的重要性水平。南方保健公司的会计人员中不乏曾在安永执业的注册会计师。在他们的指导下，结合会计人员长年对注册会计师们的观察和与他们博弈的经验，别有用心的舞弊分子不难了解注册会计师在各个科目上所分配的重要水平。他们所设计的利润操纵一般来说每笔金额较小，但造假分录发生的频率较高，舞弊者试图通过"化整为零"使造假金额达到既定的目标。

请判断，审计人员在审计过程中，如发现金额较小的错报漏报应如何处理？

二、审计风险

审计风险是指财务报表存在重大错报而注册会计师发表不恰当审计意见的可能性。

审计风险取决于重大错报风险和检查风险。注册会计师应当实施审计程序，评估重大错报风险，并根据评估结果设计和实施进一步审计程序，以控制检查风险。审计风险的计算方法为

$$审计风险 = 重大错报风险 \times 检查风险$$

重大错报风险是指财务报表在审计前存在重大错报的可能性。检查风险是指某一认定存在错报，该错报单独或连同其他错报是重大的，但注册会计师未能发现这种错报的可能性。

| 南方保健公司案例分析 |

南方保健公司在审计之前就已经会计造假的可能性即为重大错报风险；南方保健公司有重大错报，审计人员没发现的可能性即为检查风险。

事实证明，由于南方保健公司在审计之前就有重大错报，共计虚构了 24.69 亿美元的利润。所以审计风险中的重大错报风险是很高的，审计人员可接受的检查风险水平是很低的。审计人员应尽可能采取措施去降低检查风险。但是，安永事务所的注册会计师很明显没有做到这一点，才导致了最终的审计失败。

任务二 确定财务报表审计目标

（任务案例）

中睿琪会计师事务所对华腾公司 2017 年度财务报表进行审计。审计的总目标是对财务报表出具审计意见。具体审计目标包括：与期末账户余额相关的审计目标、与各类交易和事项相关的审计目标和与列报相关的审计目标。

〔任务处理〕

一、审计总体目标的确定

《中国注册会计师审计准则第1101号——注册会计师的总体目标和审计工作的基本要求》规定，财务报表审计的目标是注册会计师通过执行审计工作，对财务报表的下列方面发表审计意见：

（1）财务报表是否按照适用的会计准则和相关会计制度的规定编制。

（2）财务报表是否在所有重大方面公允反映被审计单位的财务状况、经营成果和现金流量。

│ **任务案例分析** │

"我们认为，上述财务报表已经按照企业会计准则的规定编制，在所有重大方面公允地反映了贵公司2017年12月31日的财务状况及2017年的经营成果和现金流量。"

中睿琪计师事务所出具的审计报告的意见段就是会计师事务所整个审计过程最终要实现的目标，注册会计师要独立做出职业判断，判断财务报表的合法性和公允性。

财务报表审计属于鉴证业务。注册会计师作为独立第三方，运用专业知识、技能和经验对财务报表进行审计并发表审计意见，旨在提高财务报表的可信赖程度。由于审计存在固有限制，审计工作不能对财务报表整体不存在重大错报提供绝对保证。虽然财务报表使用者可以根据财务报表和审计意见对被审计单位未来生存能力或管理层的经营效率、经营效果做出某种判断，但审计意见本身并不是对被审计单位未来生存能力或管理层经营效率、经营效果提供的保证。

│ **任务案例分析** │

虽然中睿琪会计师事务所出具的审计报告对财务报表的合法性和公允性做出肯定性的判断，但是并不是对华腾公司未来经营业绩的保证，也不是对华腾公司管理层经营效率、经营效果提供的保证。

二、财务报表审计具体目标的确定

（一）与期末账户余额相关的审计目标

1. 被审计单位管理层认定

被审计单位管理层认定是指管理层对财务报表组成要素的确认、计量、列报做出的明确或隐含的表达。认定与审计目标密切相关，注册会计师的基本职责就是确定被审计单位管理层对其财务报表的认定是否恰当。

│ **任务案例分析** │

华腾公司固定资产为6,697,601.43元，管理层向报表使用者传达信息如下：

（1）账户中所记录的6,697,601.43元的固定资产确实有，在企业均能看到。

（2）这6,697,601.43元的固定资产确实都是被审计单位的，且固定资产的使用不受任何限制，即被审计单位对这些资产有所有权。

（3）被审计单位所有的固定资产都包含在这 6,697,601.43 元之中，没有账外的固定资产（完整性）。

（4）累计折旧的计算方法选用适当，计算准确（计价和分摊）。

短期借款 15,085,745.09 元，华腾公司管理层向报表使用者传达信息如下：

（1）账户中所记录的 15,085,745.09 元的短期借款确实有，有相应的借款合同可以证明。

（2）这 15,085,745.09 元的短期借款确实是华腾公司要偿还的义务。

（3）被审计单位所有的短期借款都包含在这 15,085,745.09 元之中，没有其他任何的短期借款。

（4）短期借款和利息的计算准确。

被审计单位管理层与期末账户余额相关的认定包括：

（1）存在：记录的资产、负债和所有者权益是存在的。

（2）权利和义务：记录的资产由被审计单位拥有或控制，记录的负债是被审计单位应当履行的偿还义务。

（3）完整性：所有应当记录的资产、负债和所有者权益均已记录。

（4）计价和分摊：资产、负债和所有者权益以恰当的金额包括在财务报表中，与之相关的计价或分摊调整已恰当记录。

2. 与期末账户余额相关的审计目标的确定

具体审计目标根据审计总目标与被审计单位管理层认定确定，具体情况见表2-5。

表 2-5　与期末账户余额相关的审计目标的确定

被审计单位管理层认定	与期末账户余额相关的审计目标
存在	记录的金额确实存在
权利和义务	资产归属于被审计单位，负债属于被审计单位的义务
完整性	已存在的金额均已记录
计价和分摊	资产、负债和所有者权益以恰当的金额包括在财务报表中，与之相关的计价或分摊调整已恰当记录

| 任务案例分析 |

中睿琪会计师事务所对华腾公司固定资产的审计目标是：

（1）通过实地检查固定资产，确定账上记录的 6,697,601.43 元的固定资产确实存在。

（2）通过检查固定资产的所有权证明文件，如房产的产权证等，确定固定资产的所有权确实属于华腾公司。

（3）通过检查华腾公司有无未入账的固定资产，确认所有的固定资产都已登记入账。

（4）确认固定资产记录金额是否准确，固定资产的折旧额计算是否准确。

中睿琪会计师事务所对华腾公司短期借款的审计目标是：

（1）通过向银行（或其他金融机构）函证，确定账上记录的 15,085,745.09 元的短期借款是真实的。

（2）通过检查借款合同等证明文件，确认该短期借款确属华腾公司的义务，未来将导致其经济利益的流出。

（3）通过检查华腾公司有无未入账的短期借款，确认所有的短期借款都已登记入账。

（4）确认短期借款记录的金额是否准确。

（二）与各类交易和事项相关的审计目标

1. 被审计单位管理层认定

| 任务案例分析 |

华腾公司营业收入为 54,557,286.86 元，管理层向报表使用者传达信息如下：

（1）所记录的销货事项（提供劳务收入）均和华腾公司有关，没有将无关收入入账。

（2）所有应记录的收入均已入账。

（3）收入记录的金额是准确的。

（4）收入归属于 2017 年度，没有提前，也没有推后确认收入。

（5）销售交易（提供劳务）记录的账户是恰当的。

被审计单位管理层与各类交易和事项相关的认定包括：

（1）发生：记录的交易和事项已发生且与被审计单位有关。

（2）完整性：所有应当记录的交易和事项均已记录。

（3）准确性：与交易和事项有关的金额及其他数据已恰当记录。

（4）截止：交易和事项已记录于正确的会计期间。

（5）分类：交易和事项已记录于恰当的账户。

2. 与各类交易和事项相关的审计目标的确定

具体审计目标根据审计总目标与被审计单位管理层认定确定，具体情况见表2-6。

表 2-6　与各类交易和事项相关的审计目标的确定

被审计单位管理层认定	与各类交易和事项相关审计目标
发生 ➡	已记录的交易是真实的，针对潜在的高估
完整性 ➡	已发生的交易确实已经记录，针对漏记交易（低估）
准确性 ➡	已记录的交易是按正确金额反映
截止 ➡	接近于资产负债表日的交易记录于恰当的期间
分类 ➡	被审计单位记录的交易经过适当分类

| 任务案例分析 |

中睿琪会计师事务所对华腾公司营业收入的审计目标是：

（1）从主营业务收入和其他业务收入明细账追查至原始凭证以确认所记录的收入都是真实发生的。

（2）从发货单据、销售发票等追查至相应的主营业务收入明细账和其他业务收入明细账以确认所有的收入均已登记入账，没有遗漏。

（3）通过核对商品价表、重新计算等确认收入记录的金额是准确的。

（4）通过抽查资产负债表日前的凭证以确认收入未提前也未推后入账。

（5）确认收入记录的账户是恰当的，没有与利得等项目混淆。

（三）与列报相关的审计目标

1. 被审计单位管理层认定

被审计单位与财务报表列报相关的认定主要包括：

（1）发生及权利和义务：披露的交易、事项和其他情况已发生，且与被审计单位有关。

（2）完整性：所有应当包括在财务报表中的披露均已包括。

（3）分类和可理解性：财务信息已被恰当地列报和描述，且披露内容表述清楚。

（4）准确性和计价：财务信息和其他信息已公允披露，且金额恰当。

| 任 务 案 例 |

华腾公司关于短期借款在财务报表附注披露的信息见表 2-7。

注释 18：短期借款

表 2-7　华腾公司关于短期借款在财务报表附注披露的信息

借款类型	期末数	期初数
信用借款	15,085,745.09	12,722,340.00
抵押借款	—	—
保证借款	—	—

注：1. 短期借款的期初余额为 2016 年审计时调整至短期借款的已贴现未到期的银行承兑汇票金额，在本期均已转回。

2. 本期新增向招商银行短期借款 10,000,000.00 元，同时将 2017 年 12 月 31 日已贴现未到期的银行承兑汇票 5,085,745.09 元计入短期借款中。

| 任 务 案 例 分 析 |

华腾公司管理层关于短期借款列报的认定如下：

（1）所披露的短期借款这一交易已发生，列报是真实的。

（2）关于短期借款应当披露的均已披露，没有其他未披露的关于短期借款的任何事项。

（3）关于短期借款财务信息的披露是恰当的，描述了短期借款的类型和来源。

（4）短期借款的披露是公允的，金额是准确的。

---

2. 与列报相关的审计目标的确定

各类交易和账户余额的认定正确只是为列报正确打下必要的基础，财务报表还可能因被审计单位误解有关列报的规定或舞弊等而产生错报。另外，还可能因被审计单位没有遵守一些专门的披露要求而导致财务报表错报。因此，即使注册会计师审计了各类交易和账户余额的认定，实现了各类交易和账户余额的具体审计目标，也不意味着获取了足以对财务报表发表审计意见的充分、适当的审计证据。因此，注册会计师还应当对各类交易、账户余额及相关事项在财务报表中列报的正确性实施审计。

（1）发生及权利和义务：将没有发生的交易、事项，或与被审计单位无关的交易和事项包括在财务报表中，则违反该目标。例如，复核董事会会议记录中是否记载了固定资产抵押等事项，询问管理层固定资产是否被抵押，即是对列报的权利认定的运用。如果抵押固定资产则需要在财务报表中列报，说明其权利受到限制。

（2）完整性：如果应当披露的事项没有包括在财务报表中，则违反该目标。例如，检查关联方和关联交易，以验证其在财务报表中是否得到充分披露，即是对列报的完整性认定的运用。

（3）分类和可理解性：财务信息已被恰当地列报和描述，且披露内容表述清楚。例如，检查存货的主要类别是否已披露，是否将一年内到期的长期负债列为流动负债，即是对列报的分类和可理解性认定的运用。

（4）准确性和计价：财务信息和其他信息已公允披露，且金额恰当。例如，检查财务报表附注是否分别对原材料、在产品和产成品等存货成本核算方法做了恰当说明，即是对列报的准确性和计价认定的运用。

（知识归纳）

一、财务报表审计流程

财务报表审计一般包括业务承接、风险评估、进一步程序（控制测试和实质性程序）和审计终结阶段（编制审计报告等工作）。

二、审计目标

1. 财务报表审计的总目标

财务报表审计的总目标是注册会计师通过执行审计工作，对财务报表的下列方面发表审计意见：

（1）财务报表是否按照适用的会计准则和相关会计制度的规定编制。

（2）财务报表是否在所有重大方面公允反映被审计单位的财务状况、经营成果和现金流量。

2. 财务报表审计具体目标

（1）与期末账户余额相关的审计目标。

（2）与各类交易和事项相关的审计目标。

（3）与列报相关的审计目标。

（参考资源）

《中国注册会计师审计准则第1101号——注册会计师的总体目标和审计工作的基本要求》
《中国注册会计师审计准则第1111号——就审计业务约定条款达成一致意见》
《中国注册会计师职业道德规范指导意见》

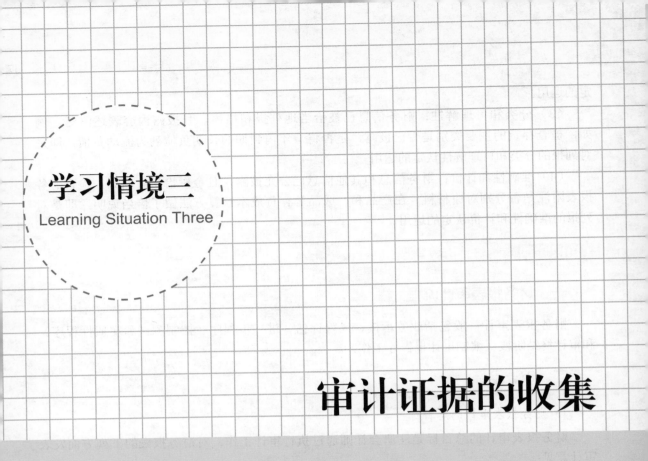

学习情境三
Learning Situation Three

审计证据的收集

学习目标

- 能通过审阅记录和文件，比对记录和文件之间的钩稽关系收集审计证据。

- 会检查有形资产。

- 能观察和询问了解企业情况，并为进一步审计奠定基础。

- 会函证。

- 会重新计算和重新执行，以判断被审计单位原有控制制度、程序和业务处理的合理与否。

- 能利用分析程序，发现审计线索和疑点，收集审计证据。

任务一 检查记录或文件

【任务案例】

中睿琪会计师事务所对华腾公司进行审计时，审计人员对公司的会计凭证、账簿资料及其他内部或外部生成的，以纸质、电子或其他介质形式存在的记录或文件进行检查。

【任务处理】

审计人员通过审阅记录和文件获取的审计证据通常以书面形式存在，我们通常称之为书面证据。它是最常见的审计证据，也被称为基本证据。

一、审阅记录和文件

（一）审阅原始凭证

审阅原始凭证各项目填列是否完整，填写是否规范，各个项目之间钩稽关系是否正确，有无涂改痕迹，企业内部编写的原始单据编号是否连续，如图3-1所示。

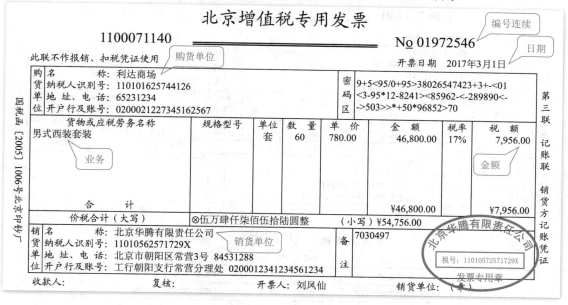

图 3-1 审阅原始凭证

（二）审阅记账凭证

审阅记账凭证编号是否连续，会计分录有无异常，分录与摘要是否相符，金额书写是否正确，有无涂改痕迹，有无签章，如图3-2所示。

（三）审阅账簿

审阅账簿摘要有无可疑之处，业务是否属于本账户核算内容，金额结转汇总是否正确。

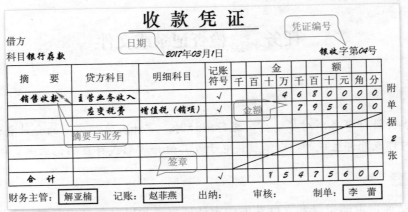

图 3-2 审阅记账凭证

二、检查各记录和文件之间的钩稽关系

（一）原始凭证之间的钩稽关系

原始凭证之间的钩稽关系如图3-3所示。

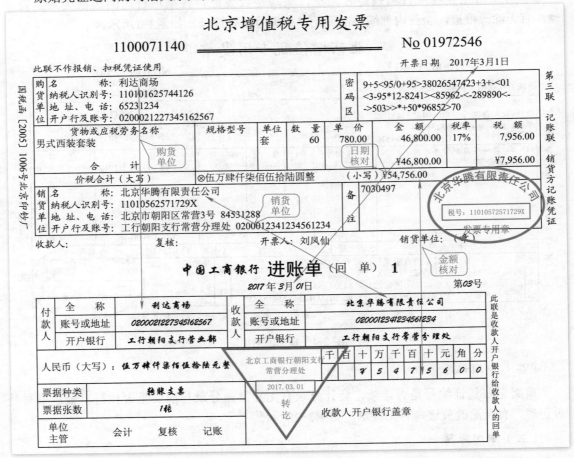

图 3-3 原始凭证核对

（二）原始凭证与记账凭证之间的钩稽关系

原始凭证与记账凭证之间的钩稽关系如图3-4所示。

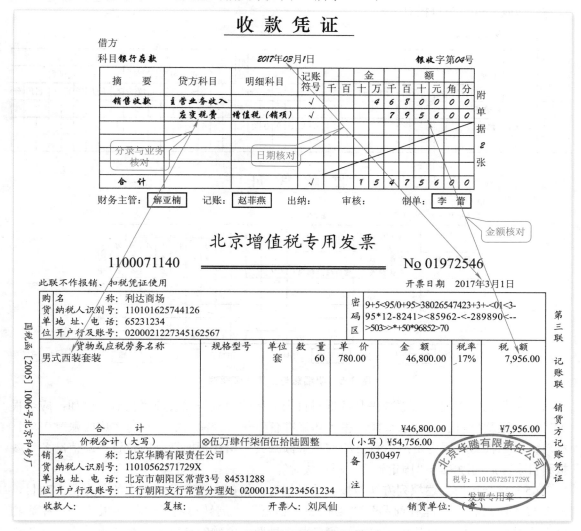

图 3-4 原始凭证与记账凭证核对

（三）记账凭证与账簿之间的钩稽关系

记账凭证与账簿之间的钩稽关系如图3-5所示。

（四）账簿与报表之间的钩稽关系

（1）直接将总账科目余额与报表项目核对，如"交易性金融资产""短期借款""应付票据""应付职工薪酬"等项目。

（2）根据几个总账科目的期末余额计算汇总后与报表项目核对，如"货币资金"项目，需与"库存现金""银行存款""其他货币资金"三个总账科目的期末余额的合计数核对。

（3）根据明细账科目余额计算与报表项目核对。例如：需要根据"应付账款"和"预付款项"两个科目所属的相关明细科目的期末贷方余额计算后与"应付账款"项目核对；需要根据"应收账款"和"预收款项"两个科目所属的相关明细科目的期末借方余额计算后与"应收账款"项目核对。

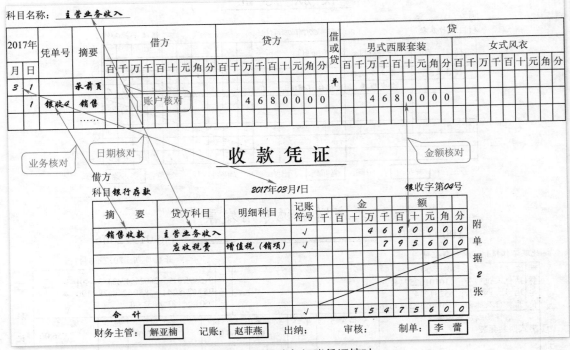

图 3-5　明细账与记账凭证核对

（4）根据有关科目余额减去其备抵科目余额后的净额与报表项目核对。例如：应当根据"应收账款"科目的期末余额减去"坏账准备"科目余额后的净额与"应收账款"项目核对；应当根据"固定资产"科目的期末余额减去"累计折旧""固定资产减值准备"备抵科目余额后的净额与"固定资产"项目核对等。

（5）综合运用上述填列方法与报表项目核对。例如，资产负债表中的"存货"项目，需要与"原材料""库存商品""委托加工物资""周转材料""材料采购""在途物资""发出商品""材料成本差异"等总账科目期末余额的分析汇总数，再减去"存货跌价准备"科目余额后的净额相核对。

任务二　检查有形资产

〔任务案例〕

华腾公司 2017 年 12 月 31 日资产负债表中货币资金 3,416,822.61 元（其中现金 6,453.61 元），存货 5,405,993.08 元，固定资产 6,697,601.43 元。审计人员对华腾公司上述实物资产进行检查，以确定该有形资产是否存在。

任务处理

检查有形资产方法主要适用于现金、存货、固定资产等其他有实物形态的资产。以现金盘点为例说明检查有形资产的业务处理流程。

审计人员通过检查有形资产获取的审计证据通常以实物形态存在，我们称之为实物证据。它最能证实实物资产的存在性，但是不能证实所有权等。对于现金的盘点也是如此，通过现金盘点，能证实的只是现金是存在的，而不能证实这些现金确属被审计单位所有。

（1）审计人员制定库存现金盘点程序，实施突击性的检查。

1）盘点时间：最好选择在企业营业时间的上午上班前或下午下班前进行。如遇工资发放日，应将盘点提前或错后。

2）盘点范围：一般指财会部门和企业其他部门经管的现金，包括已收到但未存入银行的现金、备用金、找换金等。如果企业现金存放部门有两处或以上，应同时进行盘点。

3）盘点人员：必须有被审计单位出纳、主管会计参加，并由审计人员进行监盘。

（2）由出纳员将现金集中存入保险柜，必要时可以封存。

（3）审计人员检查现金日记账，并与现金收款凭证和付款凭证相核对。

审计人员应重点检查日记账的记录是否与凭证所记载的内容、金额相符，凭证有无异常，同时也应了解凭证日期与日记账所登记的日期是否相符或接近。

（4）由出纳员把已办妥现金收付手续的收付凭证登记入现金日记账，出纳员根据现金日记账结出现金结余额。

（5）盘点保险柜里的现金实存数，编制"库存现金盘点表"。

若有冲抵库存现金的借条、代保管的工资、未提现的支票、未做报销的原始凭证等，应在"库存现金盘点表"中注明或进行必要的调整。

（6）若在资产负债表日后进行现金盘点的，则需调整至资产负债表日的金额。

调整公式为：

资产负债日现金余额=盘点日现金余额+资产负债表日后至盘点日
现金支出数–资产负债表日后至盘点日现金收入数

（7）核对盘点金额与现金日记账余额是否相符，如有差异，应查清原因，并做记录或适当调整。

任务三　观察和询问

任务案例

审计人员对华腾公司进行审计时，采用了观察和询问方法。审计人员实地察看了公司相关人员正在从事的活动或执行的程序；审计人员还以书面或口头方式，向被审计单位内部或外部的知情人员获取财务信息和非财务信息，且对答复进行了评价。

任务处理

　　审计人员通过观察所获得的审计证据通常是对被审计单位产生影响的各种环境事实，我们通常称之为环境证据。通过询问所获取的审计证据，我们通常称之为口头证据，询问本身不足以发现认定层次存在的重大错报，也不足以测试内部控制运行的有效性，注册会计师还应当实施其他审计程序获取充分、适当的审计证据。

　　（1）审计人员除主要询问管理层和对财务报告负有责任的人外，还应当考虑询问内部审计人员、采购人员、生产人员、销售人员等其他人员，并考虑询问不同级别的员工。

　　（2）在了解被审计单位时，审计人员需要通过观察和询问了解被审计单位如下情况：

　　1）了解被审计单位行业状况、法律监管环境及其他外部因素。

　　2）了解被审计单位性质。

　　3）了解被审计单位会计政策的选择和运用。

　　4）了解被审计单位的目标、战略以及相关经营风险。

　　5）了解被审计单位财务业绩的衡量和评价。

　　（3）在了解被审计单位具体业务层面内部控制制度时，审计人员需要通过观察和询问了解：

　　1）业务涉及的主要人员。

　　2）有关职责分工的政策和程序。

　　3）主要业务活动和交易流程。

　　（4）当审计人员在审计过程中发现疑点和问题时，可以直接询问被审计单位人员。

任务四　函　证

任务案例

　　华腾公司 2017 年 12 月 31 日资产负债表中银行存款 3,410,369.00 元，应收账款 11,384,407.54 元。审计人员对华腾公司的银行存款和应收账款实施了函证程序。

任务处理

　　1. 确定函证范围

　　注册会计师应当对银行存款、借款（包括零余额账户和在本期内注销的账户）及与金融机构往来的其他重要信息实施函证。

　　注册会计师应当对应收账款实施函证，除非有充分证据表明应收账款对财务报表不重要，或函证很可能无效。

　　函证的内容通常还涉及下列账户余额或其他信息：短期投资，应收票据，其他应收款，预付账款，由其他单位代为保管、加工或销售的存货，长期投资，委托贷款，应付账款，预收账款、保证、抵押或质押、或有事项、重大或异常的交易。

2. 确定函证方式

审计人员可采用积极的或消极的函证方式实施函证，也可将两种方式结合使用。应收账款积极的询证函格式如图3-6所示。

索引号：ZD3

应收账款询证函

编　号：

联华贸易公司：

　　本公司聘请的中睿琪会计师事务所正在对本公司2017年度财务报表进行审计，按照中国注册会计师审计准则的要求，应当询证本公司与贵公司的往来账项等事项。下列信息出自本公司账簿记录，如与贵公司记录相符，请在本函下端"信息证明无误"处签章证明；如有不符，请在"信息不符"处列明不符项目。如存在与本公司有关的未列入本函的其他项目，也请在"信息不符"处列出这些项目的金额及详细资料。回函请直接寄至中睿琪会计师事务所。

回函地址：　　　　　　　　　　　　　　　　　　邮　编：

电　话：　　　　　　传　真：　　　　　　联系人：

1. 本公司与贵公司的往来账项列示如下：

单位：元

截止日期	贵公司欠	欠贵公司	备注
2017-12-31	2,685,425.00		

2. 其他事项。

本函仅为复核账目之用，并非催款结算。若款项在上述日期之后已经付清，仍请及时函复为盼。

（被审计单位盖章）

2018年1月15日

结论：

1. 信息证明无误。	2. 信息不符，请列明不符项目及具体内容。
（公司盖章）	（公司盖章）
年　月　日	年　月　日
经办人：	经办人：

图3-6　应收账款积极的询证函格式

如果采用积极的函证方式，审计人员应当要求被询证者在所有情况下必须回函，确认询证函所列示信息是否正确，或填列询证函要求的信息。

如果采用消极的函证方式，审计人员只要求被询证者仅在不同意询证函列示信息的情况下才予以回函。

3. 编写询证函

审计人员应按照审计的实际需要编写询证函，回函地址应直接写会计师事务所地址。

4. 发出询证函

询证函经被审计单位盖章后，由注册会计师直接发出。对于同城银行存款账户的函证，通常由审计人员与被审计单位出纳一起去开户银行函证；对于应收款项等其他项目的函证，则通常由审计人员直接寄出，而绝对不能交由被审计单位的人员寄出。

5. 汇总函证结果

将收到的回函形成审计工作记录，并汇总统计函证结果。

6. 实施替代审计程序

当注册会计师不能通过函证获取必要的审计证据时，应实施替代审计程序。

巩固拓展

帕玛拉特审计案例

2003年12月19日，美洲银行宣布不承认帕玛拉特公司在开曼群岛分公司拥有39.5亿欧元（约合49亿美元）的账户，认为帕玛拉特公司提供的相关文件和证明纯属伪造。帕玛拉特公司的会计审计机构当时是通过帕玛拉特公司的邮件系统去核实某笔资产的，这与会计准则要求的函证程序独立进行不一致，因为邮件可能在途中被截获而被篡改。

任务五　重新计算和重新执行

重新计算是指审计人员以人工方式或使用计算机辅助审计技术，对记录或文件中的数据计算准确性进行核对。

重新执行是指审计人员以人工方式或使用计算机辅助审计技术，重新独立执行作为被审计单位内部控制组成部分的程序或控制。

任务案例

审计人员使用计算机辅助审计技术对华腾公司资产负债表及金额重大销售项目的销售额重新进行了计算。在对内部控制进行初步评价时，重新执行了已有的审计程序。

任务处理

以销售与收款循环中，抽查订货单为例，重新执行相关审计程序的步骤如下：

（1）检查销售订单编号的连续性，销售订单内容是否合理完整，上面是否有复核、顾客信用额度审批等的签字。

（2）检查订货单是否附有相应的销售发票，编号是否连续，日期与销售订单日期是否相近，是否有相应的出运通知单。

（3）检查销售订单、销售发票、出运通知单、货运提单内容是否一致。

（4）检查赊销方式下，是否已编制记账凭证，是否已记入应收账款账户的借方。

（5）检查收到货款时，应检查收款凭证是否得到会计主管的适当审批，有关支持性文件是否完整，付款人名称是否与顾客一致，是否正确记入应收账款账户的贷方。

【巩固拓展】

重新计算案例

重新计算案例如图3-7所示，可以对余额进行重新计算。

银 行 存 款 日 记 账

2017年 月	日	凭证号数	结算凭证 种类	结算凭证 号数	摘要	对方科目	借方	贷方	借或贷	余额
12	1				期初余额				借	2 1 0 0 0 0 0 0
	1	银付01	现支	1110	提现金，备用	现金		8 0 0 0 0 0	借	2 0 2 0 0 0 0 0
	2	银收01			借入流动资金借款	短期借款	1 2 0 0 0 0 0 0		借	3 2 2 0 0 0 0 0
	5	银收02			销售高档服装应交税金	主营业务收入应交税金	6 3 6 4 8 0 0 0		借	9 5 8 4 8 0 0 0
	6	银收03	转支	2111	收回西华商场欠款	应收账款	6 8 9 0 0 0 0		借	1 0 2 7 3 8 0 0 0
	11	银付02	转支	1111	支付广告费	营业费用		8 4 0 0 0 0	借	1 0 1 8 9 8 0 0 0
	13	银收04			收到天龙公司投资	实收资本	2 0 0 0 0 0 0 0		借	1 2 1 8 9 8 0 0 0
	17	银付03			现金存入银行	现金	4 0 0 0 0 0		借	1 2 2 2 9 8 0 0 0
	18	银付03	信汇	34	偿还欠一百公司货款	应付账款		1 4 9 7 6 0 0 0	借	1 0 7 3 2 2 0 0 0
	22	银付04	电汇	13	购入服装流水线	在建工程		1 1 7 0 0 0 0 0	借	9 5 6 2 2 0 0 0
	26	银付05	转支	1112	支付明年报刊订阅	待摊费用		1 2 0 0 0 0	借	9 5 5 0 2 0 0 0
	31				本月合计		1 0 2 9 3 8 0 0 0	2 8 4 3 6 0 0 0		
					本年合计					
					结转下年					

图 3-7　重新计算案例

任务六　分 析 程 序

分析程序是指审计人员通过研究不同财务数据之间、非财务数据之间以及财务数据与非财务数据之间的内在关系，对财务信息做出评价。分析程序还包括在必要时对识别出的、与其他相关信息不一致或与预期值差异重大的波动或关系进行调查。对于异常变动项目，注册会计师应重新考虑其所采用的审计程序是否恰当。必要时，应当追加适当的审计程序。

【任务案例】

审计人员对华腾公司审计的风险评估程序、实质性程序和总体复核的审计过程中均采用了分析程序。

任务处理

1. 实施风险评估程序时对分析程序的应用

注册会计师在实施风险评估程序时,应当运用分析程序,以了解被审计单位及其环境。在这个阶段运用分析程序是强制要求。注册会计师应重点关注关键的账户余额、趋势和财务比率关系等方面,对其形成一个合理的预期,并与被审计单位记录的金额、依据记录金额计算的比率或趋势相比较。如果分析程序的结果显示的比率、比例或趋势与注册会计师对被审计单位及其环境的了解不一致,并且被审计单位管理层无法提出合理的解释,或者无法取得相关的支持性文件证据,注册会计师应当考虑其是否表明被审计单位的财务报表存在重大错报风险。

2. 在实质性程序中对分析程序的应用

实质性分析程序能够达到的精确度可能受到种种限制,所提供的证据在很大程度上是间接证据,证明力相对较弱。

3. 总体复核对分析程序的应用

总体复核运用分析程序是强制要求。在总体复核阶段实施的分析程序主要在于强调并解释财务报表项目自上个会计期间以来发生的重大变化,以证实财务报表中列报的所有信息与注册会计师对被审计单位及其环境的了解一致,与注册会计师取得的审计证据一致。

|任务案例分析|

以折旧费用为例,审计人员执行的分析程序如下:

审计人员经审计得知,本期计提折旧费用 337,718.28 元,本期计提折旧与固定资产总成本比率为 4.02%(337,718.28/8,401,419.92);上期计提折旧费用 307,133.92 元,上期计提折旧与固定资产总成本比率为 3.86%(307,133.92/7,951,016.28)。比率相差不大,审计人员认为可以接受。

巩固拓展

蓝田公司案例

"蓝田公司"的全称为沈阳蓝田股份有限公司,其经营范围主要有农副水产品和医药制品两大类。表3-1为蓝田公司净利润;表3-2为蓝田公司在2000年度的主营业务收入和应收账款;表3-3为蓝田公司与同样是在湖北养鱼的武昌鱼的每亩鱼塘产值的比较;表3-4为蓝田公司生产的野莲汁、野藕汁的毛利率与同样生产饮料的承德露露的比较。

表 3-1　蓝田公司净利润

	1996 年	1997 年	1998 年	1999 年
净利润	5,927 万元	14,261.87 万元	36,472.34 万元	54,302.77 万元

表 3-2　蓝田公司 2000 年度的主营业务收入和应收账款

主营业务收入	18.4 亿元
应收账款	857 万元

表 3-3　蓝田公司与武昌鱼的每亩鱼塘产值比较

蓝田公司	30,000 元
武昌鱼	不足 1,000 元

表 3-4　蓝田公司与承德露露相关产品的比较

蓝田公司	46%
承德露露	不足 30%

银广夏案例

广夏（银川）实业股份有限公司简称银广夏公司。1994年6月上市的银广夏公司，曾因其创造了令人瞠目的业绩和股价神话而被称为"中国第一蓝筹股"，然而其财务报表造假丑闻也使这些形象轰然"崩塌"。其主要控股子公司天津广夏公司出口德国诚信贸易公司的交易也被人称为"不可能的产量、不可能的价格、不可能的产品、不可能的客户"。

（1）不可能的产量。以天津广夏公司萃取设备的产能，即使通宵达旦运作，也生产不出其所宣称的数量。即使只按照银广夏公司2000年1月19日所公告的合同金额，1.1亿马克（原德国货币单位，现已停止流通）所包括的产品至少应有卵磷脂100吨、姜精油等160吨。可资为证的是，天津广夏公司称于1999年出口的价值5,610万马克货物中，就已包括卵磷脂50吨、姜精油等80吨。但根据国内专家对这一技术的了解，在当时，银广夏公司所拥有的二氧化碳超临界设备实际全年产量绝对超不过20～30吨，就算设备24小时连续运转。

（2）不可能的价格。天津广夏公司萃取产品出口价格高到近乎荒谬。在2001年3月银广夏公司股东大会前召开的二氧化碳超临界萃取研讨会上，银广夏公司总裁李有强曾详述了天津广夏公司产品情况，而根据其所述这些条件，可以大略算出每公斤姜精油和含油树脂的原料成本加起来只有350元，可是"卖给德国人"，就可以卖到3,440～4,400元。银广夏公司提供的售价，与国际市场的伦敦价格，与众多国内厂家、行业专家提供的参考价有着巨大的差距。

（3）不可能的产品。银广夏公司对德出口合同中的某些产品，根本不能用二氧化碳超临界萃取设备提取。据专家介绍，二氧化碳超临界萃取技术有一个重大局限，就是只有脂溶性（也称为非极性、弱极性）的物质才能从中提取，而且往往需要与其他技术相结合才能生产精度较高的产品。此外，银广夏公司称，2000年对德国出口了50吨以上的卵磷脂，这至少需要上千吨原料。但知情人透露，蛋黄卵磷脂的原料蛋黄粉在国内只有两个生产基地，分别在沈阳和西安，可事实上两地加起来卖给银广夏公司的蛋黄粉亦不过30吨。

（4）不可能的客户。签下总金额达60亿元合同的德国诚信公司只与银广夏公司单线联系，据称为一家百年老店，但事实上却是注册资本仅为10万马克的一家小型贸易公司。

知识归纳

　　获取审计证据的方法有：检查记录或文件、检查有形资产、观察、询问、函证、重新计算、重新执行和分析程序。

阅读材料

审计证据的特征

　　审计证据有两个重要的特征：充分性和适当性。

一、充分性

　　审计证据的充分性是对审计证据数量的衡量，主要与注册会计师确定的样本量有关。

　　注册会计师需要获取的审计证据的数量受错报风险的影响。错报风险越大，需要的审计证据可能越多。

　　注册会计师需要获取的审计证据的数量也受审计证据质量的影响。审计证据质量越高，需要的审计证据可能越少。

二、适当性

　　审计证据的适当性是对审计证据质量的衡量，即审计证据在支持各类交易、账户余额、列报（包括披露，下同）的相关认定，或发现其中存在错报方面具有的相关性和可靠性。

（一）相关性

在确定审计证据的相关性时，注册会计师应当考虑：

（1）特定的审计程序可能只为某些认定提供相关的审计证据，而与其他认定无关。

（2）针对同一项认定可以从不同来源获取审计证据或获取不同性质的审计证据。

（3）只与特定认定相关的审计证据并不能替代与其他认定相关的审计证据。

（二）可靠性

　　审计证据的可靠性受其来源和性质的影响，并取决于获取审计证据的具体环境。注册会计师通常按照下列原则考虑审计证据的可靠性：

（1）从外部独立来源获取的审计证据比从其他来源获取的审计证据更可靠。

（2）内部控制有效时内部生成的审计证据比内部控制薄弱时内部生成的审计证据更可靠。

（3）直接获取的审计证据比间接获取或推论得出的审计证据更可靠。

（4）以文件记录形式（无论是纸质、电子或其他介质）存在的审计证据比口头形式的审计证据更可靠。

（5）从原件获取的审计证据比从传真或复印件获取的审计证据更可靠。

　　审计工作通常不涉及鉴定文件记录的真伪，注册会计师也不是鉴定文件记录真伪的专家，但应当考虑用作审计证据的信息的可靠性，并考虑与这些信息生成与维护相关的控制的有效性。

如果在审计过程中识别出的情况使其认为文件记录可能是伪造的或文件记录中的某些条款已发生变动，注册会计师应当做出进一步调查，包括直接向第三方函证，或考虑利用专家的工作以评价文件记录的真伪。

如果从不同来源获取的审计证据或获取的不同性质的审计证据不一致，可能表明某项审计证据不可靠，注册会计师应当追加必要的审计程序。

注册会计师可以考虑获取审计证据的成本与所获取信息的有用性之间的关系，但不应以获取审计证据的困难和成本为由减少不可替代的审计程序。

参考资源

《中国注册会计师审计准则第1301号——审计证据》
《中国注册会计师审计准则第1311号——存货监盘》
《中国注册会计师审计准则第1312号——函证》
《中国注册会计师审计准则第1313号——分析程序》

学习情境四

Learning Situation Four

审计工作记录

学习目标

- 会确定审计工作底稿格式。
- 会编制审计工作底稿。
- 会复核审计工作底稿。
- 会对审计工作底稿进行归档。

任务一　确定审计工作底稿的格式

【任务案例】

中睿琪会计师事务所对华腾公司进行审计，并根据不同的审计程序确定应选用的审计工作底稿。

【任务处理】

审计工作底稿是记录审计工作的载体。审计工作底稿通常包括：总体审计策略、具体审计计划、分析表、问题备忘录、重大事项概要、询证函回函、管理层声明书、核对表、有关重大事项的往来信件（包括电子邮件），以及对被审计单位文件记录的摘要或复印件等。

审计工作底稿通常不包括：已被取代的审计工作底稿的草稿或财务报表的草稿、对不全面或初步思考的记录、存在印刷错误或其他错误而作废的文本，以及重复的文件记录等。

一、了解审计工作底稿采用的格式

从格式上看，审计工作底稿有两类，一类是专用格式审计工作底稿，这类审计工作底稿通常按规定程序设计，底稿较为复杂，只适用于某一类审计工作的记录，如库存现金监盘表（见表4-1）只适用于现金盘点，应收账款询证函只适用于应收账款的函证等。这类审计工作底稿适用于有较为固定程序的项目审计，而且由于审计人员只需按审计工作底稿项目填列完整即可记录审计工作的全过程，所以也比较适用于经验不够丰富的审计人员之用。

还有一类审计工作底稿是通用格式审计工作底稿，这类审计工作底稿一般格式简单，除有必要的被审计单位名称、审计项目名称、审计时点和期间等外，基本上是空白，它比较适用于没有固定程序的项目审计之用。同时，它比较利于审计人员独立做出职业判断，而不用受审计工作底稿本身格式的约束。

审计人员应根据审计项目的具体情况和执行的审计程序来决定采用何种格式的审计工作底稿。

表 4-1　库存现金监盘表

中睿琪会计师事务所

客户名称 CLIENT	华腾有限责任公司		姓名 NAME	时间 DATE		
工作内容 DETAILS	库存现金监盘表	执行人及执行时间 PREPARED BY			索引号 INDEX NO.	ZA2
会计期间或截止日 YEAR END		复核人及复核时间 REVIEWED BY			页码 PAGE NO.	

（续）

项目名称	项次	人民币	美元	某外币	面额	人民币	美元	某外币
上一日账面库存余额	①				1,000元			
盘点日未记账传票收入金额	②				500元			
盘点日未记账传票支出金额	③				100元			
盘点日账面应有金额	④=①+②－③				50元			
盘点实有库存现金数额	⑤				20元			
盘点日应有与实有差异	⑥=④－⑤				10元			
差异原因分析					5元			
					2元			
					1元			
					0.5元			
					0.2元			
					0.1元			
					合计			
追溯调整	报表日至审计日库存现金付出总额							
	报表日至审计日库存现金收入总额							
	报表日库存现金应有余额							
	报表日账面汇率							
	报表日余额折合本位币金额							

出纳员：　　　　　会计主管人员：　　　　　监盘人：　　　　　检查日期：

审计说明：

二、根据实际审计程序选用对应审计工作底稿

一般而言，所有的财务报表审计项目都要编制审定表，见表4-2。检查有形资产时，应编制盘点表，如库存现金监盘表。审计人员发函询证时，应编制询证函。

表4-2　审定表

中睿琪会计师事务所

客户名称 CLIENT			姓名 NAME		时间 DATE			
工作内容 DETAILS		执行人及执行时间 PREPARED BY				索引号 INDEX NO.		
会计期间 或截止日 YEAR END		复核人及复核时间 REVIEWED BY				页码 PAGE NO.		

项目名称	期末未审数	账项调整		重分类调整		期末审定数	上期末审定数	索引号
		借方	贷方	借方	贷方			

审计结论：

任务二 编制审计工作底稿

【任务案例】

中睿琪会计师事务所审计人员将对华腾公司的审计过程记录于审计工作底稿。

【任务处理】

一般审计工作底稿的形式各种各样，底稿中记录的内容也各不相同，但各种业务的审计工作底稿一般都包括下列基本要素，详细内容见表4-3。

表 4-3 库存现金监盘表

中睿琪会计师事务所

客户名称 CLIENT （审计项目名称）	华腾有限责任公司 （被审计单位名称）		姓名 NAME	时间 DATE	索引号及页次	
工作内容 DETAILS	库存现金监盘表	执行人及执行时间 PREPARED BY	张琪 编制者姓名及编制日期	2018-1-16	索引号 INDEX NO.	ZA2
会计期间或截止日 YEAR END	2017-12-31	复核人及复核时间 REVIEWED BY	李明 复核者姓名及复核日期	2018-1-16	页码 PAGE NO.	

项目名称 审计项目 时点	项次	人民币	美元	某外币	面额	人民币	美元	某外币
上一日账面库存余额	①	4,890.20⊖			1,000元			
盘点日未记账传票收入金额	②	130.00			500元			
盘点日未记账传票支出金额	③	676.22			100元	2,000.00		
盘点日账面应有金额	④=①+②-③	4,343.98			50元	2,000.00		
盘点日实有库存现金数额	⑤	4,343.98			20元			
盘点日应有与实有差异	⑥=④-⑤				10元	160.00		
差异原因分析					5元	95.00		
					2元	44.00		
					1元	25.00		
					0.5元	15.00	审计过程记录	
					0.2元	4.00		
					0.1元	0.98		
					合计	4,343.98		
追溯调整	报表日至审计日库存现金付出总额	6,669.79						
	报表日至审计日库存现金收入总额	4,560.16						
	报表日库存现金应有余额	6,453.61						
	报表日账面汇率							
	报表日余额折合本位币金额	6,453.61						

出纳员：	会计主管人员：	监盘人：	检查日期：

审计说明： 审计结论

⊖ 真实审计工作底稿中默认单位为元，故不在底稿中体现，余同。

（1）被审计单位名称：无论是注册会计师编制的还是由被审计单位或有关单位提供资料而获取的审计工作底稿，都应注明被审计单位名称。

（2）审计项目名称：在审计工作底稿中应注明其中记录的是什么审计事项，以便于撰写审计报告时归类和整理，也便于以后查阅底稿。例如，"货币资金审定表""固定资产盘点表""应收账款账龄分析表""账项调整表"等。

（3）审计项目时点或期间：在审计工作底稿中应说明审计事项发生的时点或期间。例如：在货币资金审定表中，应注明货币资金是指哪个时点的余额；在管理费用审计工作底稿中，应注明审查的管理费用是哪个时间范围内的。

（4）审计过程记录：审计过程记录主要包括实施审计具体程序的记录和资料，审计测试评价的记录，审计方案及调整变更情况的记录，审计人员的判断、评价、处理意见和建议，审计组讨论的记录和审计复核记录，审计组核实与采纳被审计单位对审计报告反馈意见的情况说明，其他与审计事项有关的记录和证明材料。

（5）审计标识及其说明。

（6）审计结论。

（7）索引号及页次：要求审计工作底稿按预先的规定分类顺序设置索引号及页次，这样既便于整理，也防止散落。

（8）编制者姓名及编制日期：编写人应在底稿上签章以表示所负的审计责任，并注明编写审计工作底稿的时间。

（9）复核者姓名及复核日期：按审计工作底稿复核的规定，复核人对注册会计师编写的每份审计工作底稿进行复核后签章，以明确责任，并注明复核日期。

（10）其他应说明事项。

审计人员应将工作底稿中应填列的项目填列准确，并在审计结论中做出职业判断。同时，审计人员应将与该工作底稿相关的材料作为附件附于其后。审计工作底稿的附件主要包括下列审计证明材料：

（1）与被审计单位财务收支有关的证明材料。

（2）与被审计单位审计事项有关的法律文件、合同、协议、会计记录、往来函件、公证、鉴定材料的原件、复印件或摘录件。

（3）其他有关的审计材料。

任务三　审计工作底稿复核

（任务案例）

> 对中睿琪会计师事务所审计人员编制的审计工作底稿进行三级复核。

（任务处理）

会计师事务所需要按照审计准则的相关规定，结合事务所自身组织架构特点和质量控制体系建设需要，制定相关的质量控制政策和程序，对审计项目复核（包括项目组内部复核和项目质量控制复核）的级次以及人员、时间、范围和工作底稿记录等做出规定。

1. 项目组内部复核

（1）复核人员。审计准则规定，会计师事务所在安排复核工作时，应当由项目组内经验较多的人员复核经验较少的人员的工作。会计师事务所应当根据这一原则，确定有关复核责任的政策和程序。项目组需要在制订审计计划时确定复核人员的指派，以确保所有审计工作底稿均得到适当层级人员的复核。对一些较为复杂、审计风险较高的领域，如舞弊风险的评估与应对、重大会计估计及其他复杂的会计问题、审核会议记录和重大合同、关联方关系和交易、持续经营存在的问题等，需要指派经验丰富的项目组成员执行复核，必要时可以由项目合伙人执行复核。

（2）复核范围。所有的审计工作底稿至少要经过一级复核。执行复核时，复核人员需要考虑的事项包括：审计工作是否已按照职业准则和适用的法律法规的规定执行；重大事项是否已提请进一步考虑；相关事项是否已进行适当咨询，由此形成的结论是否已得到记录和执行；是否需要修改已执行审计工作的性质、时间安排和范围；已执行的审计工作是否支持形成的结论，并已得到适当记录；已获取的审计证据是否充分、适当；审计程序的目标是否已实现。

（3）复核时间。审计项目复核贯穿审计全过程，随着审计工作的开展，复核人员在审计计划阶段、执行阶段和完成阶段及时复核相应的审计工作底稿。例如，在审计计划阶段复核记录审计策略和审计计划的审计工作底稿，在审计执行阶段复核记录控制测试和实质性程序的审计工作底稿，在审计完成阶段复核记录重大事项、审计调整及未更正错报的审计工作底稿等。

（4）项目合伙人复核。根据审计准则的规定，项目合伙人应当对会计师事务所分派的每项审计业务的总体质量负责；项目合伙人应当对项目组按照会计师事务所复核政策和程序实施的复核负责。

项目合伙人在审计过程的适当阶段及时实施复核，有助于重大事项在审计报告日之前得到及时、满意的解决。项目合伙人复核的内容包括：对关键领域所做的判断，尤其是执行业务过程中识别出的疑难问题或争议事项；特别风险；项目合伙人认为重要的其他领域。项目合伙人无须复核所有审计工作底稿。

2. 项目质量控制复核

根据审计准则的规定，会计师事务所应当制定政策和程序，要求对特定业务（包括所有上市实体财务报表审计）实施项目质量控制复核，以客观评价项目组做出的重大判断以及在编制报告时得出的结论。

会计师事务所应当制定政策和程序，以明确项目质量控制复核的性质、时间安排和范围。这些政策和程序应当要求只有完成项目质量控制复核，才可以签署业务报告。

（1）质量控制复核人员。会计师事务所在确定质量控制复核人员的资格要求时，需要充分考虑质量控制复核工作的重要性和复杂性，安排经验丰富的注册会计师担任项目质量控制复核人员，如有一定执业经验的合伙人，或专门负责质量控制复核的注册会计师等。

（2）质量控制复核范围。项目质量控制复核人员应当客观地评价项目组做出的重大判断以及在编制审计报告时得出的结论。评价工作应当涉及下列内容：与项目合伙人讨论重大事项；复核财务报表和拟出具的审计报告；复核选取的与项目组做出的重大判断和得出的结论相关的审计工作底稿；评价在编制审计报告时得出的结论，并考虑拟出具审计报告的恰当性。

对于上市实体财务报表审计，项目质量控制复核人员在实施项目质量控制复核时，还应当考虑：项目组就具体审计业务对会计师事务所独立性做出的评价；项目组是否已就涉及意见分歧的事项，或者其他疑难问题或争议事项进行适当咨询，以及咨询得出的结论；选取的用于复核的审计工作底稿，是否反映了项目组针对重大判断执行的工作，以及是否支持得出的结论。

（3）质量控制复核时间。项目质量控制复核人员在业务过程中的适当阶段及时实施项目质量控制复核，有助于重大事项在审计报告日之前得到迅速、满意的解决。注册会计师要考虑在审计过程中与项目质量复核人员积极协调配合，使其能够及时实施质量控制复核，而非在出具审计报告前才实施质量复核。例如，在审计计划阶段，质量控制复核人员复核项目组对会计师事务所独立性做出的评价、项目组在制定审计策略和审计计划时做出的重大判断及发现的重大事项等。

┤任务案例分析├

中睿琪会计师事务所对华腾公司审计项目中，李明是项目经理，王然是审计部门经理，李丽华是会计师事务所的主任会计师，他们分别完成审计工作底稿的一级复核、二级复核和三级复核。

任务四　审计工作底稿归档

任务案例

中睿琪会计师事务所完成对华腾公司审计工作后，将已编制的审计工作底稿装订，建立审计档案。

任务处理

审计工作底稿的所有权属于会计师事务所。会计师事务所可自主决定是否允许客户获取审计工作底稿部分内容，或摘录部分审计工作底稿，但披露这些信息不得损害会计师事务所执行业务的有效性。对于鉴证业务，披露这些信息不得损害会计师事务所及其人员的独立性。

（一）审计工作底稿的归档流程

注册会计师应当按照会计师事务所质量控制政策和程序的规定，及时将审计工作底稿归整为最终审计档案。

归档时，可以按照审计循环或财务报表项目，以及审计工作底稿的使用期限长短先行分类，再编上相应标识号和页次后，分别存档。

审计工作底稿的归档期限为审计报告日后60天内，整理为最终审计档案。

如果注册会计师未能完成审计业务，审计工作底稿的归档期限为审计业务中止后的60天内。

（二）审计工作底稿的保密

除特定情况外，会计师事务所应当对审计工作底稿包含的信息予以保密。这些特定情况有：

（1）取得客户的授权。会计师事务所及其人员对客户的信息负有保密的义务，对此，相关职业道德要求和业务约定书都有规定和要求。未经客户的许可，除下述两种情况外，会计师事务所及其人员不得泄露客户的信息给他人或利用客户信息谋取私利，否则将承担相应的法律后果。

（2）根据法律法规的规定，会计师事务所为法律诉讼准备文件或提供证据，以及向监管机构报告发现的违反法规行为。

（3）接受注册会计师协会和监管机构依法进行的质量检查。

（三）审计档案保管

会计师事务所应当制定政策和程序，以使审计工作底稿保存期限满足法律法规的规定和会计师事务所的需要。

对鉴证业务，包括历史财务信息审计和审阅业务、其他鉴证业务，会计师事务所应当自业务报告日起，对审计工作底稿至少保存10年。如果法律法规有更高的要求，还应保存更长的时间。

【知识归纳】

审计工作底稿是记录审计工作的载体。审计工作底稿有通用和专用格式两类，审计人员应根据实际工作情况选定应编制的审计工作底稿的类型。

审计工作底稿的要素包括：被审计单位名称、审计项目名称、审计项目时点或期间、审计过程记录、审计标识及其说明、审计结论、索引号及页次、编制者姓名及编制日期、复核者姓名及复核日期等。

审计工作底稿需经项目组复核与质量控制复核。

审计工作终了后，审计工作底稿应归档并按规定期限保管。

【参考资源】

《会计师事务所质量控制准则第5101号——会计师事务所对执行财务报表审计和审阅、其他鉴证和相关服务业务实施的质量控制》

《中国注册会计师审计准则第1121号——对财务报表审计实施的质量控制》

学习情境五
Learning Situation Five

销售与收款循环审计

学习目标

● 能根据企业实际情况确定销售与收款循环的审计目标。

● 能在了解销售与收款循环内部控制时，评价内部控制的设计，并确定其是否得到执行。

● 能判断被审计单位是否需要进行控制测试，若需要进行控制测试，能够完成控制测试的程序。

● 能完成销售与收款循环各个项目的实质性程序。

任务一　确定销售与收款循环的审计目标

（任务案例）

> 按照审计总目标和审计具体目标，确定对华腾公司年报审计时，销售与收款循环的审计目标。

（任务处理）

审计人员应根据被审计单位具体情况，确定销售与收款循环的审计目标，具体如下：

一、登记入账的销货业务是真实的

针对这一目标，注册会计师一般关心三类错误的可能性：

（一）未曾发货却已将销货业务登记入账

针对未曾发货却已将销货业务登记入账这类错误的可能性，注册会计师可以从主营业务收入明细账中抽取几笔分录，追查有无发运凭证及其他佐证凭证，借以查明有无事实上没有发货却已登记入账的销货业务。如果注册会计师对发运凭证等的真实性也有怀疑，就可能有必要再进一步追查存货的永续盘存记录，测试存货余额有无减少。

（二）销货业务重复入账

针对销货业务重复入账这类错误的可能性，注册会计师可以通过检查企业的销货交易记录清单以确定是否存在重号、缺号。

（三）向虚构的顾客发货，并作为销货业务登记入账

针对向虚构的顾客发货并作为销货业务登记入账这类错误发生的可能性，注册会计师应当检查主营业务收入明细账中与销货分录相应的销货单，以确定销货是否经过赊销批准手续和发货审批手续。

检查上述三类多报销货错误的可能性的另一有效办法是追查应收账款明细账中贷方发生额的记录。如果应收账款最终得以收回货款或者收到退货，则记录入账的销货业务一开始通常是真实的；如果贷方发生额是注销坏账，或者直到审计时所欠货款仍未收回，就必须详细追查相应的发运凭证和顾客订货单等，因为这些迹象都说明可能存在虚构的销货业务。

二、已发生的销货业务均已登记入账

销货业务的审计一般偏重于检查虚报资产与收入的问题，因此，通常无须对完整性目标进行交易实质性测试。但是，如果内部控制不健全，如被审计单位没有由发运凭证追查至主营业务收入明细账这一独立内部核查程序，就有必要进行交易实质性测试。

三、登记入账的销售交易均经正确计价

销售交易计价的准确性包括：按订货数量发货，按发货数量准确地开具账单以及将账单上的数额准确地记入会计账簿。对这三个方面，每次审计中一般都要实施实质性程序，以确保其准确无误。

典型的实质性程序包括复算会计记录中的数据。通常的做法是，以主营业务收入明细账中的会计分录为起点，将所选择的交易业务的合计数与应收账款明细账和销售发票存根进行比较核对。销售发票存根上所列的单价，通常还要与经过批准的商品价目表进行比较核对，其金额小计和合计数也要进行复算。发票中列出的商品的规格、数量和顾客代号等，则应与发运凭证进行比较核对。另外，往往还要审核顾客订货单和销售单中的同类数据。

四、登记入账的销售交易分类恰当

如果销售分为现销和赊销两种，应注意不要在现销时借记应收账款，也不要在收回应收账款时贷记主营业务收入，同样不要将营业资产的销售（例如固定资产销售）混作正常销售。

五、销货业务的记录及时

发货后应尽快开具账单并登记入账，以防止无意漏记销货业务，确保它们记入正确的会计期间。在执行估价实质性测试程序的同时，一般要将所选取的提货单或其他发运凭证的日期与相应的销售发票存根、主营业务收入明细账和应收账款明细账上的日期做比较。如有重大差异，就可能存在销货截止期限上的错误。

六、销货业务已正确地记入明细账并正确地汇总

应收账款明细账的记录若不正确，将影响被审计单位收回应收账款的能力。因此，将全部赊销业务正确地记入应收账款明细账极为重要。同理，为保证财务报表准确，主营业务收入明细账必须正确地加总并过入总账。

任务二 了解销售与收款循环内部控制⊖

任务案例

审计人员了解华腾公司销售与收款循环内部控制，评价控制的设计，并确定其是否得到执行。

任务处理

一、了解受本循环影响的相关交易和账户余额

| 任务案例分析 |

华腾公司销售与收款循环所涉及的账户主要有：应收账款、营业收入、应交税费、预收款项、应收票据、销售费用等。

⊖ 本书仅以销售与收款循环说明了解内部控制及控制测试的过程，其他业务循环略去。

二、了解被审计单位销售与收款循环主要业务活动

审计人员应了解的被审计单位销售与收款循环主要业务活动包括：

1. 销售

审计人员应了解被审计单位接受订单、审批、销售的流程。例如，订单的接受与审批、赊销申请的处理、销售合同的订立和授权、销售合同管理等。

2. 记录应收账款

审计人员应了解存货发出后至应收账款确认、记录的流程。例如，发票的开具和核对、核对及差异处理、单据流转及核对、与顾客对账、应收账款调整及计提坏账准备等。

3. 记录税费

审计人员应了解税费的确认、申报、缴纳的流程。

4. 收款

审计人员应了解收款业务流程。例如，收款的记录、收款方式、应收票据的取得和贴现以及期末对收款情况的监控等。

5. 维护顾客档案

顾客档案是指记录经批准的顾客详细信息的文件，包括顾客名称、银行账户、收货地址、邮寄地址、联系方式、赊销信用额度、收款折扣条件、过去期间的交易情况等。审计人员应记录对顾客档案维护流程的了解。例如，维护申请、审批、处理以及期末审核等。

───┤任务案例分析├───

中睿琪会计师事务所审计人员应当采用文字叙述、问卷、核对表和流程图等方式，或几种方式相结合，记录对控制流程的了解。对重要业务活动控制流程的记录应涵盖自交易开始至与其他业务循环衔接为止的整个过程。

三、评价内部控制设计——控制目标及控制活动

审计人员应在了解被审计单位销售与收款循环主要业务活动的基础上，评价被审计单位内部控制设计。审计人员应编制工作底稿：评价内部控制设计——控制目标及控制活动。

（1）在执行财务报表审计业务时，注册会计师应运用职业判断，结合被审计单位的实际情况，选择能够确保实现控制目标的控制活动。

（2）审计人员应记录销售与收款循环中主要业务活动的控制目标、受该目标影响的相关交易和账户余额及其认定以及被审计单位的控制活动。"受影响的相关交易和账户余额及其认定"栏，注册会计师应根据被审计单位的实际情况分析填写。

（3）如果多项控制活动能够实现同一控制目标，注册会计师不必了解与该项控制目标相关的每项控制活动，注册会计师应根据被审计单位的实际情况进行填写。

（4）注册会计师应关注被审计单位采取的控制活动是否能够完全达到相关的控制目标。在某些情况下，某些控制活动单独执行时，并不能完全达到控制目标，这时注册会计师需要识别与该特定目标相关的额外的控制活动，并对其进行测试，以获取达到控制目标

的足够的保证程度。

（5）一项控制活动可能可以达到多个控制目标。为提高审计效率，如存在可以同时达到多个控制目标的控制活动，注册会计师可以考虑优先测试该控制活动。

（6）如果某一项控制目标没有相关的控制活动或控制活动设计不合理，注册会计师应考虑被审计单位控制的有效性以及其对拟采取的审计策略的影响。

（7）如果注册会计师拟信赖以前审计获取的有关本循环控制活动运行有效性的审计证据，应当通过实施询问并结合观察或者检查程序，获取该等控制是否已发生变化的审计证据，并予以记录。

| 任务案例分析 |

中睿琪会计师事务所审计人员应在了解华腾公司销售与收款循环主要业务活动的基础上，评价被审计单位内部控制设计。审计人员应编制工作底稿：评价内部控制设计——控制目标及控制活动（表5-1）。

表5-1　评价内部控制设计——控制目标及控制活动

中睿琪会计师事务所

客户名称 CLIENT	华腾有限责任公司		姓名 NAME	时间 DATE		
工作内容 DETAILS	销售与收款循环——了解控制目标，评价控制活动	执行人及执行时间 PREPARED BY	王洁	2018-1-15	索引号 INDEX NO.	BE-XSL-1
会计期间或截止日 YEAR END	2017-12-31	复核人及复核时间 REVIEWED BY	李明	2018-1-16	页码 PAGE NO.	
主要业务活动	控制目标	受影响的相关交易和账户余额及其认定	被审计单位的控制活动	控制活动对实现控制目标是否有效（是/否）	控制活动是否得到执行（是/否）	是否测试该控制活动运行的有效性（是/否）
销售	仅接受在信用额度内的订单	应收账款：计价和分摊	业务员自行决定是否赊销及赊销额度，没有人审批	否	不适用	不适用
销售	管理层核准销售订单的价格、条件	应收账款：存在 主营业务收入：发生	收到现有顾客的采购订单后，业务员直接与其签订销售合同	否	不适用	不适用
销售	销售订单均已得到处理	应收账款：完整性 主营业务收入：完整性	信息管理员负责将顾客采购订单和销售合同信息输入信息系统，由系统自动生成连续编号的销售订单（此时系统显示为"待处理"状态）。每周，信息管理员核对本周内生成的销售订单，对任何不连续编号的情况进行检查	是	是	是
记录应收账款	已记录的销售交易计价准确	应收账款：计价和分摊 主营业务收入：准确性、分类	月末，应收账款主管编制应收账款账龄报告，内容包括应收账款总额、应收账款明细账合计数以及应收账款明细账与顾客对账单的核对情况。如有差异，应收账款主管将立即进行调查	是	是	是
……	……	……	……	……	……	……

（续）

主要业务活动	控制目标	受影响的相关交易和账户余额及其认定	被审计单位的控制活动	控制活动对实现控制目标是否有效（是/否）	控制活动是否得到执行（是/否）	是否测试该控制活动运行的有效性（是/否）
收款	收款均已于恰当期间进行记录	应收账款：存在、完整性	每月末，由会计主管指定出纳员以外的人员核对银行存款日记账和银行对账单，编制银行存款余额调节表，并提交给财务经理复核，财务经理在银行存款余额调节表中签字作为其复核的证据	是	否	不适用
维护顾客档案	对顾客档案变更均为准确的	应收账款：计价和分摊 主营业务收入：准确性	如需对系统内的顾客信息进行修改，业务员填写更改申请交信息管理员，由其负责更改。申请表预先连续编号并在系统内进行更改	否	不适用	不适用

注：华腾有限责任公司规定应由出纳员以外的人员核对银行存款日记账和银行对账单，编制银行存款余额调节表，并提交给财务经理复核，财务经理在银行存款余额调节表中签字作为其复核证据。

审计人员随机抽取华腾公司2017年4月银行存款余额调节表进行检查，发现该调节表由出纳员编制，财务经理已复核该调节表并签字确认。审计人员向出纳员进行了解，她解释因会计主管临时出差，未安排由其他人员进行此项工作，她本人核对了银行存款日记账和银行对账单，并编制了银行存款余额调节表，她已将该调节表送交财务经理复核，财务经理随即签字并返还给她，并且，她认为其他月份也存在这样的情况。

2018年1月15日，审计人员就该情况与财务经理和会计主管进行了沟通，并得到他们确认。

审计人员认为该项控制并未得到执行，拟将该项内部控制重大缺陷列入与治理层沟通事项，并在执行货币资金实质性测试时详细检查调节事项，以获取足够的保证程度支持将发表的审计意见。

四、穿行测试

通过穿行测试，确定被审计单位销售与收款循环内部控制是否得以执行。穿行测试工作底稿见表5-2。

穿行测试的流程如下：

（1）抽查订货单，检查：

1）销售订单编号的连续性，销售订单内容是否合理完整，上面是否有复核、顾客信用额度审批等的签字。

2）是否有相应的销售发票，编号是否连续，日期与销售订单日期是否相近，是否有相应出运通知单。

3）销售订单、销售发票、出运通知单、货运提单内容是否一致。

4）赊销方式下，是否已编制记账凭证，是否已记入应收账款账户的借方。

5）收到货款时，应检查收款凭证是否得到会计主管的适当审批，有关支持性文件上是否完整，付款人名称是否与顾客一致，是否正确记入应收账款的贷方。

表 5-2　穿行测试工作底稿

中睿琪会计师事务所

客户名称 CLIENT	华腾有限责任公司		姓名 NAME	时间 DATE	
工作内容 DETAILS	销售与收款循环——确定控制是否得到执行（穿行测试）	执行人及执行时间 PREPARED BY	王洁	2018-1-15	索引号 INDEX NO.　BE-XSL-2
会计期间或截止日 YEAR END	2017-12-31	复核人及复核时间 REVIEWED BY	李明	2018-1-16	页码 PAGE NO.

销售与收款循环穿行测试——与销售有关的业务活动的控制

主要业务活动	测试内容	测试结果
销售	销售订单编号 #（日期） 是否复核顾客信用额度（是/否） 销售订单是否得到适当的审批（是/否）	销售订单编号连续 否 否 ……

销售与收款循环穿行测试——与比较销售信息报告和相关文件（销售订单）是否相符相关的控制活动

选择的销售信息报告期间　2017年1月

序号	应收账款记账员是否复核销售信息报告（是/否）	销售订单是否连续编号（是/否）
1	否	是

销售与收款循环穿行测试——与调整应收账款有关的控制活动

序号	顾客名称	是否编制应收账款调账报告 #（日期）	应收账款调节表编号 #（日期）	是否与支持文件相符（是/否）	是否经过恰当审批（是/否）	是否已调节应收账款（是/否）
1	联华贸易公司	无		是	否	是

销售与收款循环穿行测试——与核销坏账或计提特别坏账准备有关的控制活动

序号	顾客名称	坏账变更申请表号 #（日期）	是否与支持文件相符（是/否）	是否经过恰当审批（是/否）	是否已调节应收账款（是/否）
……					

销售与收款循环穿行测试——与退货和索赔有关的控制活动

序号	顾客名称 顾客索赔处理表编号（日期）	生产经理是否确定质量责任（是/否）	技术经理是否确定质量责任（是/否）	财务部是否注明货款结算情况（是/否）	是否经过适当审批（是/否）	是否已调节应收账款（是/否）
1	联华贸易公司 2017-5-12	是	是	是	否	是

销售与收款循环穿行测试——与顾客档案更改记录有关的控制活动

序号	更改申请表号码	更改申请表是否经过恰当审批（是/否）	是否包含在月度顾客信息更改报告中（是/否）	月度顾客信息更改报告是否经过恰当复核（是/否）	编号记录表是否经复核（是/否）
1	23	否	是	否	否
……					

（2）检查核销坏账或计提特别坏账准备的相关文件，确定是否有坏账变更申请表及其编号，是否与支持文件相符，是否经过恰当审批，是否已调节应收账款。

（3）检查与退货和索赔有关的控制活动处理，看其是否已确定责任归属，货款是否已结算，是否经过适当审批，是否已调节应收账款。

（4）检查与顾客档案更改记录有关的控制活动，看其是否经过恰当审批、复核和正确记录。

任务三 销售与收款循环内部控制测试

【任务案例】

中睿琪会计师事务所确定是否需要进行控制测试以及需要进行控制测试时的程序。

【任务处理】

一、确定是否需要进行控制测试

在确定了被审计单位的内部控制中可能存在的薄弱环节，并且对其控制风险做出评价后，注册会计师应当判断继续实施控制测试的成本是否会低于因此而减少对交易、账户余额的实质性程序所需的成本。如果被审计单位的相关内部控制不存在，或被审计单位的相关内部控制未得到有效执行，则注册会计师不应再继续实施控制测试，而应直接实施实质性程序。

当存在下列情形之一时，注册会计师应当实施控制测试：

（1）在评估认定层次重大错报风险时，预期控制的运行是有效的。

（2）仅实施实质性程序不足以提供认定层次充分、适当的审计证据。

二、控制测试的程序

1. 与销售有关的业务活动的控制测试

抽查相关原始单据，诸如销售订单、销售发票、货运通知单、记账凭证等，内容是否一致，检查编号是否连续，检查相应业务内容记录是否完整，应该审批的是否有相关审批人员签字，是否有内部核查的标记，所反映交易是否正确记入相应会计科目等。

2. 调整应收账款有关的业务活动的控制测试

主要检查是否编制应收账款账龄报告，如果编制，可抽查若干月份应收账款调节表，并检查其是否与支持文件相符，是否经过恰当审批，是否已调节应收账款。

3. 与核销坏账或计提特别坏账准备有关的业务活动的控制测试

主要检查被审计单位坏账损失是否经过恰当审批，是否与相应支持文件相符，是否正确入账。

4. 与计提坏账准备有关的业务活动的控制测试

主要检查是否有关于坏账准备估计比例的报告，是否经过管理层审批。如果坏账准备估计比例变更，是否经过重新审批，坏账准备会计处理是否正确，是否已恰当列报。

5. 与销售退回及索赔有关的业务活动的控制测试

主要检查责任是否已经认定，是否经过恰当审批，货款是否退回，退回货物是否已经入库，如涉及应收账款是否已做调整。

6. 与顾客档案更改记录有关的业务活动的控制测试

主要检查更改申请表是否经过恰当审批，供应商信息更改报告是否经恰当复核，更改申请表的编号是否连续等。

7. 与顾客档案及时维护有关的业务活动的控制测试

主要检查顾客档案编号是否连续，是否定期按照规定对顾客档案进行维护。

‖ 任务案例分析 ‖

中睿琪会计师事务所通过对华腾公司内部控制的了解与评价，认为被审计单位的相关内部控制未得到有效执行，注册会计师不应再继续实施控制测试，而应直接实施实质性程序。

任务四　营业收入实质性程序

任务案例

华腾公司利润表上列示的营业收入发生额为 54,557,286.86 元。审计人员的审计目标如下：

（1）确认所记录的营业收入都是真实发生的。

（2）确认所有的营业收入均已登记入账，没有遗漏。

（3）确认营业收入记录的金额是准确的。

（4）确认营业收入未提前也未推后入账。

（5）确认营业收入记录的账户是恰当的，没有与其他项目混淆。

任务处理

（1）取得或编制主营业务收入、其他业务收入项目明细表，复核加计是否正确，并与报表数、总账数和明细账合计数核对是否相符。填列营业收入审定表的本期未审数（见表 5-5）。

|任务案例分析|

　　审计人员取得华腾公司主营业务收入、其他业务收入项目明细表，复核加计正确，核对无误。填列表 5-5 营业收入审定表中的主营业务收入、其他业务收入本期未审数栏。

　　（2）查明主营业务收入的确认原则、方法是否正确。

　　（3）运用分析性程序，对主营业务收入的整体合理性进行分析。

　　1）将本期与上期的主营业务收入进行比较，分析产品销售的结构和价格的变动是否正常，并分析异常变动的原因。

　　2）比较本期各月主营业务收入的波动情况，分析其变动趋势是否正常，是否符合被审计单位季节性、周期性的经营规律，并查明异常现象和重大波动的原因。

　　3）计算本期重要产品的毛利率，分析比较本期与上期同类产品毛利率变化情况，注意收入与成本是否配比，并查清重大波动和异常情况的原因。

　　4）计算重要客户的销售额及其产品毛利率，分析比较本期与上期有无异常变化。

|任务案例分析|

　　审计人员未对华腾公司主营业务收入、其他业务收入项目执行分析程序。

　　（4）根据普通发票或增值税发票申报表，估算全年收入，与实际入账收入金额核对，并检查是否存在虚开发票或已销售而未确认收入的情况。

　　（5）获取产品价格目录，抽查售价是否符合定价政策，并注意销售给关联方或关系密切的重要客户的产品价格是否合理，有无低价或高价结算以转移收入的现象。

　　（6）抽取本期一定数量的销售发票，检查开票、记账、发货日期是否相符，品名、数量、单价、金额等是否与发运凭证、销售合同等一致，编制测试表。

　　在（3）（4）（5）（6）步骤的基础上，根据需要编制销售检查情况表。

|任务案例分析|

　　审计人员选取主营业务收入、其他业务收入的部分项目进行审计，同时从销售发票等原始凭证（如图 5-1 ～图 5-3 所示）着手，并追查至明细账，以确定收入的完整性。审计人员编制销售检查情况表，见表 5-3。

转 账 凭 证

2017年4月5日　　　　　　转字第25号

摘要	总账科目	明细科目	记账符号	借 方 金 额										记账符号	贷 方 金 额										
				千	百	十	万	千	百	十	元	角	分		千	百	十	万	千	百	十	元	角	分
发出商品	应收账款	联华贸易公司	√			1	2	0	8	4	0	0	0												
	库存商品	女士风衣												√			1	2	0	8	4	0	0	0
合　计				￥		1	2	0	8	4	0	0	0		￥		1	2	0	8	4	0	0	0

附单据2张

财务主管：　　　记账：李小明　　　审核：王楠　　　制单：郑梅

图 5-1　转字第 25 号凭证

北京增值税专用发票

1100072256　　　　　　　　　　　No 01973253

此联不作报销、扣税凭证使用　　　　　　　开票日期　2017年4月5日

购货单位	名　称：联华贸易公司	密码区	9+5<95/0+95>38026547423+3+-<01<3-95*12-8241><85962-<-289890<-->503>>*+50*96852>70
	纳税人识别号：1234567891012347		
	地址、电话：内蒙古包头稀土开发区黄河大街65436543		
	开户行及账号：包头市工商银行昆区办事处0603252001146227013		

货物或应税劳务名称	规格型号	单位	数量	单价	金　额	税率	税　额
女士风衣		件	1,000	250.00	250,000.00	17%	42,500.00
合　　计					¥250,000.000		¥42,500.00
价税合计（大写）	⊗贰拾玖万贰仟伍佰圆整			（小写）¥292,500.00			

销货单位	名　称：华腾有限责任公司	备注	7030497 华腾有限责任公司 税号：11010562573323X 发票专用章
	纳税人识别号：11010562573323X		
	地址、电话：北京市朝阳区大望路23号85231288		
	开户行及账号：工行朝阳支行大望路分理处0233612341234565678		

收款人：　　　　复核：　　　　开票人：刘凤仙　　　　销货单位：（章）

图5-2　转字第25号凭证附单据1

产品出库单

购货单位：联华贸易　　　　　2017年4月5日　　　　　凭证编号：09

用途	产品名称	产品规格	计量单位	数量	成本		备注
					单位成本	金额	
	女士风衣		件	1,000	120.84	120,840	

主管：　　　会计：李小明　　　保管员：刘英　　　经手人：

图5-3　转字第25号凭证附单据2

表5-3　销售检查情况表

中睿琪会计师事务所

客户名称 CLIENT	华腾有限责任公司			姓名 NAME	时间 DATE		
工作内容 DETAILS	销售检查情况表		执行人及执行时间 PREPARED BY	王洁	2018-1-15	索引号 INDEX NO.	SA2
会计期间或截止日 YEAR END	2017		复核人及复核时间 REVIEWED BY	李明	2018-1-16	页码 PAGE NO.	

记账日期	凭证编号	业务内容	对应科目	金额	核对内容（用"√""×"表示）						备注
					1	2	3	4	5	6	
2017-4-5	转25	销售	应收账款	250,000	×			√	×		
……											

核对内容说明：1. 原始凭证是否齐全；2. 记账凭证与原始凭证是否相符；3. 账务处理是否正确；4. 是否记录于恰当的会计期间；5. ……

审计结论：

经审计，转25号凭证应为销售业务，编制调整分录为：

借：应收账款——联华贸易公司　　292,500　　　　借：主营业务成本　　　　　120,840

贷：主营业务收入　　　250,000　　　　贷：应收账款——联华贸易公司　120,840

应交税费——应交增值税（销项税额）42,500

（7）实施销售的截止测试，编制填列销售截止测试表。

1）以账簿记录为起点。从报表日前后若干天的账簿记录查至记账凭证，检查发票存根与发运凭证，目的是证实已入账收入是否在同一期间已开具发票并发货，有无多记收入。

2）以销售发票为起点。从报表日前后若干天的发票存根查至发运凭证与账簿记录，确定已开具发票的货物是否已发货并于同一会计期间确认收入。

3）以发运凭证为起点。从报表日前后若干天的发运凭证查至发票开具情况与账簿记录，确定营业收入是否已记入恰当的会计期间。

———| 任务案例分析 |———

审计人员以华腾公司的主营业务收入明细账为起点，相关凭证如图5-4～图5-6所示，进行截止测试，编制销售截止测试表，见表5-4。

表5-4 主营业务收入截止测试表

中睿琪会计师事务所

客户名称 CLIENT	华腾有限责任公司			姓名 NAME	时间 DATE		
工作内容 DETAILS	主营业务收入截止测试		执行人及执行时间 PREPARED BY	王洁	2018-1-15	索引号 INDEX NO.	SA3
会计期间或截止日 YEAR END	2017		复核人及复核时间 REVIEWED BY	李明	2018-1-16	页码 PAGE NO.	

编号	明细账				发票内容				发货单		是否跨期（用"√""×"表示）
	日期	凭证号	主营业务收入	应交税金	日期	客户名称	货物名称	销售额	日期	号码	
……											
15	2017-12-31	转36	234,000.00	39,780.00	2018-1-2	大同华贸	男式西服	234,000.00	2018-1-2	20	√

截止日前

截止日期：2017年12月31日

截止日后

| 1 | 2018-1-5 | 转05 | 78,000.00 | 13,260.00 | 2018-1-4 | 光明贸易公司 | 男式西服 | 78,000.00 | 2018-1-5 | 15 | × |
| …… | | | | | | | | | | | |

注：从明细账到发货单。

审计结论：

经审计，华腾有限责任公司转36号凭证为提前确认收入，应编制调整分录：

借：主营业务收入 234,000

应交税费——应交增值税（销项税额） 39,780

贷：应收账款——大同华贸 273,780

转 账 凭 证

2017年12月31日　　　　　　　　　　　　　转字第36号

摘要	总账科目	明细科目	记账符号	借方金额										记账符号	贷方金额										附单据2张
				千	百	十	万	千	百	十	元	角	分		千	百	十	万	千	百	十	元	角	分	
销售服装	应收账款	大同华贸	√			2	7	3	7	8	0	0	0												
	主营业务收入	男士西装套装												√			2	3	4	0	0	0	0	0	
	应变税费	增值税（销项）												√				3	9	7	8	0	0	0	
合计					1	2	7	3	8	0	0	0	0		1	2	7	3	7	8	0	0	0	0	

财务主管：　　　记账： 赵菲燕　　　审核： 解亚楠　　　　　制单： 郑梅

图 5-4　转字第 36 号凭证

北京增值税专用发票

1100251140　　　　　　　　　　　　　　No 01974132

此联不作报销、扣税凭证使用　　　　　　　开票日期　2018年1月2日

购货单位	名　称：大同华贸服装公司 纳税人识别号：45670562572253X 地址、电话：北京市朝阳区6615123 开户行及账号：工行朝阳支行4000025801202367264	密码区	9+5<95/0+95>38026547423+3+-<01<3-95*12-8241><85962-<-289890<-->503>>*+50*96852>70

货物或应税劳务名称	规格型号	单位	数量	单价	金　额	税率	税　额
男士西装套装		套	300	780.00	234,000.00	17%	39,780.00
合　计					¥234,000.000		¥39,780.00
价税合计（大写）	⊗贰拾柒万叁仟柒佰捌拾圆整				（小写）¥273,780.00		

销货单位	名　称：华腾有限责任公司 纳税人识别号：11010562573323X 地址、电话：北京市朝阳区大望路23号85231288 开户行及账号：工行朝阳支行大望路分理处0233612341234565678	备注	7030497 税号：11010562573323X 发票专用章

收款人：　　　复核：　　　开票人：刘凤仙　　　销货单位：（章）

图 5-5　转字第 36 号凭证附单据 1

产 品 出 库 单

购货单位：大同华贸　　　　　2018年01月02日　　　　　凭证编号：05

用途	产品名称	产品规格	计量单位	数量	成本		备注
					单位成本	金额	
销售	男士西服套装		套	300			

主管：　　　会计： 赵菲燕　　　保管员： 刘英　　　经手人：

图 5-6　转字第 36 号凭证附单据 2

（8）结合对决算日应收账款的函证程序，观察有无未经认可的巨额销售。

（9）检查销售折扣、销售退回与折让业务是否真实，内容是否完整，相关手续是否符合规定，折扣与折让的计算和会计处理是否正确。

（10）调查向关联方销售的情况，记录其交易品种、数量、价格、金额以及占营业收入总额的比例。

（11）抽查凭证，检查其他业务收入的会计处理是否正确。编制其他业务收入检查情况表，格式与主营业务收入检查情况表相同。

（12）检查营业收入在利润表上的披露是否恰当。

审计人员填列完整营业收入审定表，见表5-5。

表5-5　营业收入审定表

中睿琪会计师事务所

客户名称 CLIENT	华腾有限责任公司		姓名 NAME	时间 DATE		
工作内容 DETAILS	营业收入 审定表	执行人及执行时间 PREPARED BY	王洁	2018-1-15	索引号 INDEX NO.	SA1
会计期间或截止日 YEAR END	2017	复核人及复核时间 REVIEWED BY	李明	2018-1-16	页码 PAGE NO.	
项目名称	本期未审数	账项调整		本期审定数	上期审定数	索引号
		借方	贷方			
一、主营业务收入						
女士风衣	10,654,512.36		250,000.00	10,904,512.36		SA2
男士西服套装	35,228,901.86	234,000.00		34,994,901.86		SA3
小计	45,883,414.22			45,899,414.22		
二、其他业务收入						
劳务收入	895,475.52			895,475.52		
出租收入	52,100.00			52,100.10		
销售原材料收入	7,726,297.12			7,726,297.12		
小计	8,673,872.64			8,673,872.64		
合计	54,557,286.86			54,573,286.86		

审计结论：

经审计，营业收入可以确认的发生额为54,573,286.86元。

任务五　应收账款实质性程序

任务案例

　　华腾公司资产负债表上应收账款项目的余额为 11,384,407.54 元。应收账款项目的审计目标为：

　　（1）通过实地检查应收账款，确定账上记录的 11,384,407.54 元的应收账款确实存在。

　　（2）确认应收账款确实属于华腾公司的债权。

　　（3）通过检查华腾公司有无未入账的应收账款确认所有的应收账款都已登记入账。

　　（4）确认应收账款记录的金额是否准确。

　　（5）确认应收账款在资产负债表上的披露是否恰当。

任务处理

　　（1）核对应收账款。取得或编制应收账款明细表，复核加计是否正确，并与总账数和明细账合计数核对是否相符。

|　任务案例分析　|

　　审计人员取得华腾公司应收账款项目明细表，复核加计正确，核对无误。填列表 5-9 中的应收账款期末未审数。

　　（2）分析应收账款账龄。审计人员可以通过编制或索取应收账款账龄分析表来分析应收账款的账龄。按照账龄填列表 5-9 应收账款的未审数。必要时，也可单独编制应收账款账龄分析表。

|　任务案例分析　|

　　审计人员经过对华腾公司应收账款进行账龄分析，得知除一笔金额为 351,000 元的应收账款账龄为 2 年 5 个月、一笔金额为 500,000 元的应收账款账龄为 2 年 8 个月以外，其余均为一年以内，与华腾公司提供的账龄分析表相符。

　　（3）向债务人函证应收账款。询证函的寄发一定要由审计人员亲自进行。审计人员收到询证函后，还需编制应收账款询证结果调节表（见表5-6）、询证结果汇总表（见表5-7）。

|　任务案例分析　|

　　审计人员编制询证结果汇总表，见表 5-7。审计人员通过函证发现：联华贸易公司账面余额与函证金额差异为 171,660 元，大同华贸公司账面余额与函证金额差异为 273,780 元，晨晨贸易公司账面余额与函证金额差异为 500,000 元，利达商场账面余额与函证金额差异为 351,000 元。审计人员根据工作底稿：销售截止测试表和销售检查情况表，查明了函证差异的原因。

（4）检查未函证应收账款。对于未函证应收账款，注册会计师应抽查有关原始凭证，如销售合同、销售订单、销售发票副本及发运凭证等，以验证与其相关的这些应收账款的真实性，并编制销售检查情况表。

（5）检查坏账的确认和处理。首先，注册会计师应检查有无债务人破产或者死亡的，以及破产或以遗产清偿后仍无法收回的，或者债务人长期未履行清偿义务的应收账款；其次，应检查被审计单位坏账的处理是否经授权批准，有关会计处理是否正确。

表 5-6　应收账款询证结果调节表

中睿琪会计师事务所

客户名称 CLIENT	华腾有限责任公司		姓名 NAME	时间 DATE		
工作内容 DETAILS	应收账款询证结果调节表	执行人及执行时间 PREPARED BY	王洁	2018-1-20	索引号 INDEX NO.	ZD2-1
会计期间或截止日 YEAR END	2017-12-31	复核人及复核时间 REVIEWED BY	李明	2018-1-21	页码 PAGE NO.	

被询证单位：　　联华贸易公司

回函日期：　　2018-1-20

1. 被询证单位回函余额　　2,857,085.00

2. 减：被询证单位已记录项目

序号	日期	摘要（运输途中、存在争议的项目）	凭证号	金额
1				
……				
合计				

3. 加：被审计单位已记录项目

序号	日期	摘要（运输途中、存在争议的项目）	凭证号	金额
1				
……				
合计				

4. 调节后金额　　2,857,085.00

5. 被审计单位账面金额　　2,685,425.00

6. 调节后是否存在差异，差异金额　　是。差异171,660元。

审计说明：

联华贸易公司账面余额与函证金额差异为171,660元。

表 5-7　应收账款询证结果汇总表

中睿琪会计师事务所

客户名称 CLIENT	华腾有限责任公司		姓名 NAME	时间 DATE		
工作内容 DETAILS	应收账款询证 结果汇总表	执行人及执行时间 PREPARED BY	王洁	2018-1-20	索引号 INDEX NO.	ZD2-1
会计期间或截止日 YEAR END	2017-12-31	复核人及复核时间 REVIEWED BY	李明	2018-1-21	页码 PAGE NO.	

（续）

应收账款函证情况列表

单位名称 \ 项目	询证函编号	询证方式	函证日期 第一次	函证日期 第二次	回函日期	账面金额	回函金额	经调节后是否存在差异	调节表索引号
联华贸易日期	001	肯定	2018-1-15		2018-1-20	2,685,425,00	2,857,085.00	是	
晨晨贸易公司	002	肯定	2018-1-15		2018-1-19	500,000,00	0.00	是	
大同华贸	003	肯定	2018-1-15		2018-1-20	2,335,267,00	2,061,487.00	是	
利达商场	004	肯定	2018-1-15		2018-1-20	351,000,00	0.00	是	
……									

审计说明：

联华贸易公司账面余额与函证金额差异为171,660元，大同华贸公司账面余额与函证金额差异为273,780元，晨晨贸易公司账面余额与函证金额差异为500,000元，利达商场账面余额与函证金额差异为351,000元。

（6）抽查有无不属于结算业务的债权。在分析应收账款明细账余额时，注册会计师如果发现应收账款出现贷方明细余额的情形，就应查明原因，必要时建议做重分类调整。

（7）分析应收账款明细账余额。

（8）检查坏账准备计提是否正确，填制应收账款坏账准备计算表，见表5-8。

表5-8 应收账款坏账准备计算表

中睿琪会计师事务所

客户名称 CLIENT	华腾有限责任公司		姓名 NAME	时间 DATE		
工作内容 DETAILS	应收账款坏账准备计算表	执行人及执行时间 PREPARED BY	王洁	2018-1-20	索引号 INDEX NO.	ZD2-3
会计期间或截止日 YEAR END	2017-12-31	复核人及复核时间 REVIEWED BY	李明	2018-1-21	页码 PAGE NO.	

计算过程

一、坏账准备本期期末应有金额①=②+③				551,523.34	①	

1. 期末单项金额重大且有客观证据表明发生了减值的应收账款对应坏账准备的应有金额

单位名称		金额				
合计					②	

2. 期末单项金额非重大以及经单独测试后未减值的单项金额重大的应收账款对应坏账准备的应有余额

项目	账龄	应收账款余额	坏账准备计提比例	坏账准备应有金额		
应收账款						
	1年以内（含1年）	11,030,466.88	×5%	551,523.34		
	1～2年（含2年）		×__%			
	2～3年（含3年）		×__%			
	3年以上		×__%			
	合计			551,523.34	③	

（续）

计算过程		
二、坏账准备上期审定数	1,055,193.93	④
三、坏账准备本期转出数（核销）金额		

单位名称	金额	
合计		⑤

四、计算坏账准备本期全部应计提金额		
⑥=①-④+⑤	（503,670.59）	⑥

审计结论：

华腾有限责任公司上期末对晨晨贸易公司和利达商场应收款项计提坏账准备，本期应调减坏账准备：

借：坏账准备　　　　　　　　　　　　47,656 [（11,983,586,.88-11,030,466.88）×5%]

贷：资产减值损失　　　　　　　　　　47,656

（9）检查应收账款在资产负债表上是否已恰当披露。

审计人员填列完整应收账款审定表，见表5-9。

表 5-9　应收账款审定表

中睿琪会计师事务所

客户名称 CLIENT	华腾有限责任公司		姓名 NAME	时间 DATE		
工作内容 DETAILS	应收账款审定表	执行人及执行时间 PREPARED BY	王洁	2018-1-20	索引号 INDEX NO.	ZD1
会计期间或截止日 YEAR END	2017-12-31	复核人及复核时间 REVIEWED BY	李明	2018-1-21	页码 PAGE NO.	

项目名称	期末未审数	账项调整		重分类调整		期末审定数	上期末审定数	索引号
		借方	贷方	借方	贷方			
一、账面余额合计								
1年以内	11,132,586.88	171,660.00	273,780.00			11,030,466.88		SA2、SA3
1年至2年								
2年至3年	851,000.00		851,000.00			0.00		ZD2
3年以上								
小计	11,983,586,.88					11,030,466.88		
二、坏账准备会计	599,179.34	47,656.00				551,523.34		ZD3
小计	599,179.34							
三、账面价值合计	11,384,407.54					10.478,943.54		

审计结论：

华腾有限责任公司2017年12月31日可以确认的应收账款余额为10,478,943.54元。

任务六 预收账款实质性程序

任务案例

　　华腾公司资产负债表上预收账款项目的余额为 1,069,371.02 元。预收账款项目的审计目标为：

　　（1）确定账上记录的 1,069,371.02 元的预收账款确实存在。

　　（2）确认预收账款确实属于华腾公司的债务。

　　（3）通过检查华腾公司有无未入账的预收账款确认所有的预收账款都已登记入账。

　　（4）确认预收账款记录金额是否准确。

　　（5）确认预收账款在资产负债表上的披露是否恰当。

任务处理

　　（1）获取或编制预收款项明细表，并进行以下检查：

　　1）复核加计是否正确，并与报表数、总账数和明细账合计数核对是否相符。

　　2）以非记账本位币结算的预收款项，检查其采用的折算汇率及折算是否正确。

　　3）检查是否存在借方余额，必要时进行重分类调整。

　　4）检查是否存在在应收、预收两方挂账的项目，必要时做出调整。

　　（2）请被审计单位协助，在预收款项明细表上标出截至审计日已转销的预收款项，对已转销金额较大的预收款项进行检查，核对记账凭证、仓库发货单、货运单据、销售发票等，并注意这些凭证日期的合理性。

　　（3）抽查预收款项有关的销售合同或协议、仓库发货记录、货运单据和收款凭证。检查已实现销售的商品是否及时转销预收款项，确定预收款项期末余额的正确性和合理性。

　　（4）选择预收款项的若干重大项目函证，根据回函情况编制函证结果汇总表，格式参见应收账款函证结果汇总表。

　　函证测试样本通常应考虑选择大额或账龄较长的项目、关联方项目以及主要客户项目。对于回函金额不符的，应查明原因并做出记录或建议做适当调整；对于未回函的，应再次函证或通过检查资产负债表日后已转销的预收款项是否与仓库发运凭证、销售发票相一致等替代程序，确定其是否真实、正确。

　　（5）检查账龄超过一年的预收款项未结转的原因并做出记录。

　　（6）对预收款项中按税法规定应预缴税费的预收销售款，结合应交税费项目检查是否及时、足额缴纳有关税费。

　　（7）确定预收款项的披露是否恰当。

　　审计人员应填列完整预收账款审定表，其他工作底稿与应收账款类似，略去。

| 任务案例分析 |

审计人员对华腾公司预收账款进行审计，预收账款全部为预收丽晶公司的货款。审计人员在应收账款项目下未发现有应收丽晶公司货款。审计人员审阅了华腾公司与丽晶公司签订的销售合同，未发现异常与不合理的地方。该笔预收款项已于 2018 年 1 月 10 日转销，因为华腾公司已将销售合同约定销售的风衣发给丽晶公司，并确认了收入。审计人员认为可以确认的预收账款余额为 1,069,371.02 元，并填预收账款审定表（见表5-10）。

表 5-10　预收账款审定表

中睿琪会计师事务所

客户名称CLIENT	华腾有限责任公司		姓名NAME	时间DATE		
工作内容DETAILS	预收账款审定表	执行人及执行时间PREPARED BY	王洁	2018-1-15	索引号INDEX NO.	FE1
会计期间或截止日YEAR END	2017-12-31	复核人及复核时间REVIEWED BY	李明	2018-1-16	页码PAGE NO.	
项目名称	期末未审数	账项调整		重分类调整		期末审定数	上期末审定数	索引号

项目名称	期末未审数	借方	贷方	借方	贷方	期末审定数	上期末审定数	索引号
一、关联方								
二、非关联方								
丽晶有限责任公司	1,069,371.02					1,069,371.02		
小计	1,069,371.02					1,069,371.02		

审计结论：
华腾有限责任公司2017年12月31日可以确认的预收账款余额为1,069,371.02元。

任务七　应交税费实质性程序

【任务案例】

华腾公司资产负债表上应交税费项目的余额为 209,736.45 元。应交税费项目的审计目标为：

（1）确定账上记录的 209,736.45 元的应交税费确实存在。

（2）确认应交税费确实属于华腾公司的债务。

（3）通过检查华腾公司有无未入账的应交税费确认所有的应交税费都已登记入账。

（4）确认应交税费记录金额是否准确。

（5）确认应交税费在资产负债表上的披露是否恰当。

【任务处理】

（1）取得或编制应交税费明细表，复核加计是否正确，并与报表数、总账数和明细账合计数核对是否相符，填制应交税费审定表（见表5-15）中的期末未审数。

│ 任务案例分析 │

审计人员编制应交税费明细表，见表5-11。

表5-11 应交税费明细表

项目	2017-1-1	本期发生	支付	2017-12-31
	RMB	RMB	RMB	RMB
增值税	686,281.65	1,219,697.86	1,533,804.06	372,175.45
所得税	374,449.14	−1,910.35①	523,397.71	−150,858.92
个人所得税	18,516.36	194,998.65	203,454.22	10,060.79
房产税	—	53,172.33	53,172.33	—
土地使用税	—	13,320.32	13,320.32	—
车船税	—	4,620.00	4,620.00	—
印花税	32,459.8	−20,293.42	6,164.80	6,001.58
小计	1,111,706.95	1,463,605.39	2,337,933.44	237,378.90

① 此处为简化业务处理，略去对所得税费用的调整。实际审计工作中，由于所编制调整分录已涉及损益类项目，"所得税费用"和"应交税费——应交所得税"也应做出相应调整。

（2）首次接受委托时，取得被审计单位的纳税鉴定、纳税通知、减免税批准文件等，了解被审计单位适用的税种、附加税费、计税（费）基础、税（费）率，以及征、免、减税（费）的范围与期限。连续接受委托时，关注其变化情况。

（3）取得税务部门汇算清缴或其他确认文件、有关政府部门的专项检查报告、税务代理机构专业报告、被审计单位纳税申报资料等，分析其有效性，并与上述明细表及账面数据进行核对。必要时，向主管税务部门函证应交税费的本期应交数和期末未交数。对于超过法定缴纳期限的税费应取得主管税务机关的批准文件。

（4）检查被审计单位获得税费减免或返还时会计处理是否正确，依据是否充分、合法和有效。

（5）检查企业所得税。

1）结合所得税费用项目，确定是否按税法规定的纳税调整项目计算应纳税所得额，企业所得税税率是否正确，复核本期应交所得税的计算是否正确，是否按规定进行了会计处理。

2）抽查本期已纳所得税资料，确定本期已交数的正确性。

（6）检查增值税：

1）获取或编制应交增值税明细表，复核其正确性，并与明细账核对相符。

2）将"应交增值税明细表"与被审计单位增值税纳税申报表核对，检查进项税额、销项税额的入账与申报期间是否一致，金额是否相符，如不一致，应分析原因，并做出记录。

3）进项税：

①通过"原材料"等相关科目计算进项税是否合理。

②抽查一定期间的进项税抵扣汇总表，检查是否与应交增值税明细表总额一致，如有差异，查明差异原因并做适当处理。

③抽查一定数量的重要进项税发票，注意进口货物、购进的免税农产品、接受投资或捐赠、接受应税劳务等应计的进项税额是否按规定进行了会计处理；因存货改变用途或发生非常损失等应计的进项税额转出数是否正确计算，会计处理是否正确。

| 任务案例分析 |

审计人员对华腾公司的进项税额进行复算，见表5-12。

表5-12　进项税额复算表

进项税额复算			
项目	本年采购金额	税率（%）	进项税
材料采购	40,797,836.24	17	6,935,632.16
其他采购	4,421,786.96	17	751,703.78
小规模采购	64,050.30	3	1,921.51
合计	45,283,673.50		7,689,257.45

华腾公司本期进项税额转出188,472.19元，经审计，转出数额计算正确，会计处理正确。

4）销项税：

①检查适用税率是否符合税法规定。

②根据已审定的主营业务收入、其他业务收入及税法规定视同销售行为的有关记录。复核销项税额，并注意视同销售行为计税依据的确定是否正确。注意计税依据的确定：在将自产、委托加工的货物用于非应税项目集体福利、个人消费等视同销售情况下，税基计算是否正确；将自产、委托加工或外购的货物用于投资、捐赠时，是否分别按货物的合同价、不含税捐赠价计算；将自产、委托加工或外购的货物分配给股东或投资者及其他情况下是否按不含税销售额计算。

| 任务案例分析 |

审计人员对华腾公司的销项税额进行复算，见表5-13。

表5-13　销项税额复算表

销项税额复算			
项目	本年销售金额	税率（%）	销项税
产品销售收入	45,899,414.22	17	7,802,900.42
其他业务收入	5,200,865.05	17	884,147.06
合计	51,100,279.27		8,687,047.48

注：产品销售收入金额45,899,414.22元为审定后的收入金额；除表中所列金额外，其他业务收入中，2,525,432.07元为免税收入。

5）取得出口退税申报材料及办理出口退税有关凭证，复核出口退税核算的正确性、合法性和及时性。

6）经主管税务机关批准，实行核定征收率征收增值税的单位，应检查其是否按照有关规定正确执行。如果按照核定征收率计算的增值税金额大于申报增值税金额，应注意超过申报额部分的会计处理是否正确。

7）抽查本期已交增值税纳税资料，确定已交数的正确性。

| 任务案例分析 |

审计人员随机抽取了一笔华腾公司的缴税凭证，检查了相关的付款凭证以及缴税通知单，见表5-14。

表 5-14　相关纳税资料抽查表

缴税凭证				发票			
金额	凭证号	日期	摘要	金额	编号	日期	开票单位
691,388,584	银行17	2017-1-17	缴增值税	691,388,584	95728	2017-1-10	朝阳区国税局第一税务所

（7）检查消费税：

1）结合税金及附加等项目，根据审定的应税消费品销售额（或数额），检查消费税的计税依据是否正确，适用税率（或单位税额）是否符合税法规定，是否按规定进行了会计处理，并分项复核本期应交消费税税额。

2）抽查本期已交消费税纳税资料，复核已交数的正确性。

（8）检查土地增值税：

1）根据审定的土地使用权及其地上物（或称房地产）转让收入与其规定的扣除金额，复核是否达到土地增值税清算的条件，复核房地产转让增值额。

2）结合税金及附加等项目。根据房地产转让增值额和按规定适用的税率复核应交土地增值税税额。

3）抽查本期已交土地增值税纳税资料，确定已交数的正确性。

（9）检查城市维护建设税：

1）结合税金及附加等项目，根据审定的计税基础和按规定适用的税率，复核本期应交城市维护建设税税额。

2）抽查本期已交城市维护建设税纳税资料，确定已交数的正确性。

（10）检查车船税和房产税：

1）获取被审计单位自有车船数量、吨位（或座位）及自有房屋建筑面积、用途、造价（购入原价）、购建年月等资料，并与固定资产（含融资租入固定资产和投资性房地产）明细账复核一致。

2）了解其使用、停用时间及其原因等情况。

3）获取被审计单位本期已交税金的完税凭证，审核其是否如实申报和按期缴纳，是否按规定进行了会计处理。

审计人员经过上述审计程序后，填制完整应交税费审定表，见表5-15。

表 5-15　应交税费审定表

中睿琪会计师事务所

客户名称 CLIENT	华腾有限责任公司			姓名 NAME	时间 DATE		
工作内容 DETAILS	应交税费审定表	执行人及执行时间 PREPARED BY		王洁	2018-1-15	索引号 INDEX NO.	FG1
会计期间或截止日 YEAR END	2017-12-31	复核人及复核时间 REVIEWED BY		李明	2018-1-16	页码 PAGE NO.	
项目名称	期末未审数	账项调整		重分类调整		期末审定数	上期末审定数	索引号
		借方	贷方	借方	贷方			
增值税	372,175.45	39,780	42,500			374,895.45		SA2、SA3
个人所得税	10,060.79					10,060.79		
房产税								
土地使用税								
车船税								
印花税	6,001.58					6,001.58		
小计	388,237.82					390,957.82		

审计结论：

经审计，应交税费可以认可的期末余额为：贷方余额390,957.82元①。

① 本表未考虑企业所得税、城市维护建设税及教育费附加等相关税费，仅作为"应交税费审定表"示例之用。

任务八　销售费用实质性程序

【任务案例】

　　华腾公司利润表上列示的销售费用发生额为 673,828.00 元。审计人员的审计目标如下：

　　（1）确认所记录的销售费用都是真实发生的。

　　（2）确认所有的销售费用均已登记入账，没有遗漏。

　　（3）确认销售费用记录的金额是准确的。

　　（4）确认销售费用未提前也未推后入账。

　　（5）确认销售费用记录的账户是恰当的，没有与其他项目混淆。

【任务处理】

　　（1）获取或编制销售费用明细表，复核加计是否正确，与报表数、总账数及明细账合计数核对是否相符，并检查其明细项目的设置是否符合规定的核算内容与范围，是否划清了销售费用和其他费用的界限。填制销售费用审定表中本期未审数（见表5-17）。

　　（2）抽取部分凭证，检查销售费用各项目开支内容是否与被审计单位的产品销售等活动有关，计算是否正确。填制销售费用检查情况表（见表5-16）。

（3）将本期销售费用与上期销售费用进行比较，并将本期各月的销售费用进行比较，如有重大波动和异常情况应查明原因，并做适当处理。

（4）选择重要或异常的销售费用，检查其原始凭证是否合法，会计处理是否正确，必要时，对销售费用实施截止测试，检查有无跨期入账的现象，对于重大跨期项目应建议做必要调整。

（5）核对销售费用有关项目金额与累计折旧、应付工资、预提费用等项目相关金额的钩稽关系，如有不符，应查明原因并做适当处理。

（6）检查销售费用是否已在利润表上恰当披露。

──┤ 任务案例分析 ├──

审计人员实施的主要审计程序如下：

（1）抽取了部分凭证，发现银付3号凭证多计广告费用54,000元，填制销售费用检查情况表，见表5-16。

（2）对销售费用实施了截止测试，未发现跨期入账现象。

（3）将销售费用中"职工薪酬"与"应付职工薪酬"项目中相关项目的金额进行比较，均为204,241.06元。

（4）确认销售费用在利润表上披露的恰当性。

表 5-16　销售费用检查情况表

中睿琪会计师事务所

客户名称 CLIENT	华腾有限责任公司			姓名 NAME	时间 DATE		
工作内容 DETAILS	销售费用检查情况表	执行人及执行时间 PREPARED BY		王洁	2018-1-15	索引号 INDEX NO.	SD2
会计期间或截止日 YEAR END	2017	复核人及复核时间 REVIEWED BY		李明	2018-1-16	页码 PAGE NO.	

记账日期	凭证编号	业务内容	对应科目	金额	核对内容（用"√""×"表示）						备注
					1	2	3	4	5	6	
2017-12-2	银付03	广告费	银行存款	160,780.14	√	×	×	√	×		
……											

核对内容说明：1. 原始凭证是否齐全；2. 记账凭证与原始凭证是否相符；3. 账务处理是否正确；4. 是否记录于恰当的会计期间；5. ……

审计结论：

支付给华宇公司的广告费只有106,780.14元，与实际记载的160,780.14元之间的差额54,000元被提走。编制调整分录为：

借：银行存款　　　　　　　　　　　　　　　　54,000

　贷：销售费用　　　　　　　　　　　　　　　　　　54,000

（注：审计人员经检查，发现该54,000元已被追回并存入华腾公司银行账户中）

审计人员经过上述审计程序后，填制完整销售费用审定表，见表5-17。

表 5-17　销售费用审定表

中睿琪会计师事务所

客户名称 CLIENT	华腾有限责任公司		姓名 NAME	时间 DATE		
工作内容 DETAILS	销售费用审定表	执行人及执行时间 PREPARED BY	王洁	2018-1-15	索引号 INDEX NO.	SD1
会计期间或截止日 YEAR END	2017	复核人及复核时间 REVIEWED BY	李明	2018-1-16	页码 PAGE NO.	

项目名称	本期未审数	账项调整		本期审定数	上期审定数	索引号
		借方	贷方			
销售费用——职工薪酬	204,241.06			204,241.06		
销售费用——包装费	22,466.00			22,466.00		
销售费用——展览费	50,066.00			50,066.00		
销售费用——广告费	160,780.14		54,000	106,780.14		SD2
销售费用——宣传费	3,896.00			3,896.00		
销售费用——运输费	103,812.60			103,812.60		
销售费用——业务费	68,525.17			68,525.17		
销售费用——差旅费	58,865.57			58,865.57		
销售费用——低值易耗品摊销	1,175.46			1,175.46		
小计	673,828.00			619,828.00		
合计						

审计结论：

经审计，华腾有限责任公司可以确认的销售费用发生额为619,828元。

〔知识归纳〕

销售与收款项目的审计包括三个阶段：

（1）了解销售与收款循环内部控制，评价控制的设计，并确定其是否得到执行。

（2）确定是否需要进行控制测试以及进行控制测试时的程序。

（3）完成销售与收款循环各个项目的实质性程序。在实质性程序阶段，主营业务收入和销售费用的截止测试、应收账款的函证以及重大金额项目的抽查都是重要的审计程序，是审计工作中必做的审计程序。

〔阅读材料〕

销售与收款循环内部控制

一、职责分离制度

（1）单位应当将办理销售、发货、收款三项业务的部门（或岗位）分别设立。

（2）单位在销售合同订立前，应当指定专门人员就销售价格、信用政策、发货及收款方式等具体事项与客户进行谈判。谈判人员至少应有两人，并与订立合同的人员相分离。

（3）编制销售发票通知单的人员与开具销售发票的人员应相互分离。

（4）销售人员应当避免接触销货现款。

（5）单位应收票据的取得和贴现必须经由保管票据以外的主管人员的书面批准。

二、授权审批制度

（1）防止企业向虚构的或者无力支付货款的顾客发货。

应注意两个关键点的授权审批程序：①在销售发生之前，赊销已经正确审批；②非经正当审批，不得发出货物。

（2）销售价格、销售条件、运费、折扣等必须经过审批，以保证销售交易按照企业定价政策规定的价格开票收款。

（3）对于超过单位既定销售政策和信用政策规定范围的特殊销售交易，单位应当进行集体决策。以防止因审批人决策失误而造成严重损失。

三、充分的凭证和记录

凭证和记录记录了经济业务发生的轨迹。由于每个企业的规模和经济业务各不相同，记载经济业务的凭证和记录也有所不同，也许很难评价其各项控制是否足以发挥最大的作用。然而，只有具备充分的记录手续，才有可能实现其他各项控制目标。销售与收款循环所涉及的主要凭证有：

1. 销售单

销售单是列示顾客所订商品的名称、规格、数量以及其他与顾客订货单有关信息的凭证，作为销售方内部处理顾客订货单的依据。

2. 发运凭证

发运凭证即在发运货物时编制的，用以反映发出商品的规格、数量和其他有关内容的凭据。发运凭证的一联寄送给顾客，其余联（一联或数联）由企业保留。这种凭证可用作向顾客开具账单的依据。

3. 销售发票

销售发票是一种用来表明已销售商品的规格、数量、价格、销售金额、运费和保险费、开票日期、付款条件等内容的凭证。销售发票也是在会计账簿中登记销售交易的基本凭证。

4. 商品价目表

商品价目表是列示已经授权批准的、可供销售的各种商品的价格清单。

5. 应收账款明细账

应收账款明细账是用来记录每个顾客各项赊销、还款、销售退回及折让的明细账。各应收账款明细账的余额合计数应与应收账款总账的余额相等。

6. 主营业务收入明细账

主营业务收入明细账是一种用来记录销售交易的明细账。它通常记载和反映不同类别产品或劳务的销售总额。

7. 库存现金日记账和银行存款日记账

库存现金日记账和银行存款日记账是用来记录应收账款的收回或现销收入以及其他各种现金、银行存款收入和支出的日记账。

8. 坏账审批表

坏账审批表是一种用来批准将某些应收款项注销为坏账的，仅在企业内部使用的凭证。

9. 顾客月末对账单

顾客月末对账单是一种按月定期寄送给顾客的用于购销双方定期核对账目的凭证。顾客月末对账单上应注明应收账款的月初余额、本月各项销售交易的金额、本月已收到的货款、各贷项通知单的数额以及月末余额等内容。

10. 记账凭证

记账凭证是指记录销售与收款业务的凭证。

四、凭证的预先编号

所有的凭证一般都预先进行连续编号，旨在防止销售以后忘记向顾客开具账单或登记入账，也可防止重复开具账单或重复记账。应定期或不定期由不负责开具凭证的职员对凭证的编号进行清点，以保证业务不漏记也不重记。

五、按月寄出对账单

由不负责现金出纳和销售及应收账款记账的人员按月向顾客寄发对账单，能促使顾客在发现应付账款余额不正确后及时反馈有关信息，因而这是一项有用的控制。为了使这项控制更加有效，最好将账户余额中出现的所有核对不符的账项，指定一位不掌管货币资金也不记载主营业务收入和应收账款账目的主管人员处理。

六、内部复核监督程序

由内部审计人员或其他独立人员检查销售交易的处理和记录，是实现内部控制目标不可缺少的一项控制措施。

参考资源

《审计（2017年度注册会计师全国统一考试辅导教材）》．中国注册会计师协会编．中国财政经济出版社

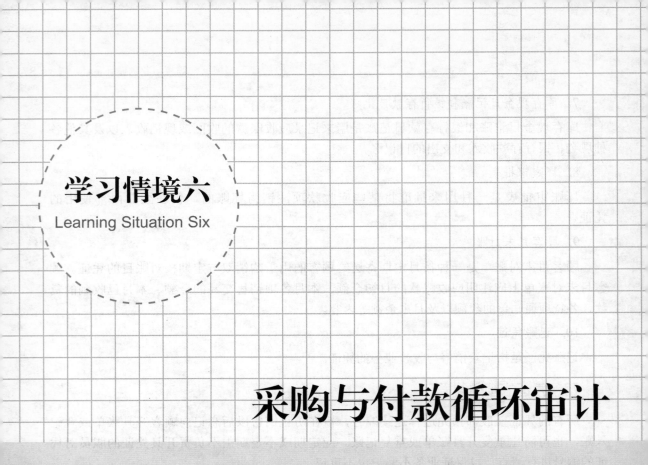

学习情境六
Learning Situation Six

采购与付款循环审计

学习目标

- 能根据企业实际情况确定采购与付款循环的审计目标。
- 能完成采购与付款循环各个项目的实质性程序。

任务一　应付账款实质性程序

【任务案例】

华腾公司资产负债表上应付账款项目的余额为7,452,755.21元。应付账款项目的审计目标为：

（1）应付账款的金额确实为7,452,755.21元。

（2）应付账款确实属于被审计单位的义务，需要华腾公司日后偿还。

（3）所有应记录的应付账款都已包含在7,452,755.21元之内。

（4）应付账款已在资产负债表上恰当披露。

【任务处理】

（1）获取或编制应付账款明细表，复核加计是否正确，并与报表数、总账数和明细账合计数核对是否相符。填列应付账款审定表的期末未审数（见表6-1）。

│ 任务案例分析 │

审计人员取得华腾公司应付账款项目明细表，复核加计正确，核对无误。填列表6-1应付账款审定表中期末未审数。

表6-1　应付账款审定表

中睿琪会计师事务所

客户名称 CLIENT	华腾有限责任公司		姓名 NAME		张小雨		时间 DATE		
工作内容 DETAILS	应付账款 审定表	执行人及执行时间 PREPARED BY		张小雨		2018-1-15		索引号 INDEX NO.	FD1
会计期间或截止日 YEAR END	2017-12-31	复核人及复核时间 REVIEWED BY		李明		2018-1-16		页码 PAGE NO.	
项目名称	期末未审数	账项调整		重分类调整		期末审 定数	上期末 审定数	索引号	
		借方	贷方	借方	贷方				
华易纺织有限公司	2,000,236.00								
天天绵纺有限公司	1,052,321.54								
洁洁贸易有限公司	1,567,434.56								
鹏程商贸有限公司	1,145,234.22								
裕民商贸有限公司	1,065,282.89								
维鑫毛纺公司	622,246.00								
小计	7,452,755.21								
审计结论：									

（2）根据被审计单位实际情况，选择以下方法对应付账款执行实质性分析程序：

1）将期末应付账款余额与期初余额进行比较，分析波动原因。

2）分析长期挂账的应付账款，要求被审计单位做出解释，判断被审计单位是否缺乏偿债能力或利用应付账款隐瞒利润；并注意其是否可能无需支付，对确实无须支付的应付款的会计处理是否正确，依据是否充分。

3）计算应付账款与存货的比率、应付账款与流动负债的比率，并与以前年度相关比率对比分析，评价应付账款整体的合理性。

4）分析存货和营业成本等项目的增减变动情况，判断应付账款增减变动的合理性。

（3）函证应付账款。

一般情况下，并不一定要进行应付账款的函证，这是因为函证不能保证查出未记录的应付账款，况且注册会计师能够取得采购发票等外部凭证来证实应付账款的余额。但如果控制风险较高，某应付账款明细账户金额较大或被审计单位处于财务困难阶段，则应进行应付账款的函证。应付账款函证的重点是金额较大的或者那些虽然金额不大但是重要的债权人。建议应付账款采用积极的函证方式。

对于未取得回函的重大应付账款项目，审计人员应采用替代审计程序，检查决算日后应付账款明细账和货币资金明细账、付款凭证，检查其还款情况。

（4）检查是否存在未入账的应付账款。

1）结合存货监盘程序，检查是否存在已入库的材料尚未收到购货发票的经济业务。

2）检查资产负债表日后收到的购货发票，检查其入账时间是否正确。

3）检查资产负债表日后若干天的付款事项，看其入账是否及时。

| 任务案例分析 |

审计人员在抽盘华腾公司存货时，发现盘盈毛涤面料 10,000 米。仓库保管员和会计均解释是因为未收到维鑫毛纺公司发票，所以未入账。审计人员认为应该暂估入库。编制调整分录：

借：原材料——毛涤面料 500,000
　　贷：应付账款——维鑫毛纺公司 500,000

（5）检查带有现金折扣的应付账款是否按发票记载的全部应付金额入账，在实际获得现金折扣时再冲减财务费用。

| 任务案例分析 |

审计人员检查华腾公司2017年10月银付22号凭证，如图6-1和图6-2所示。

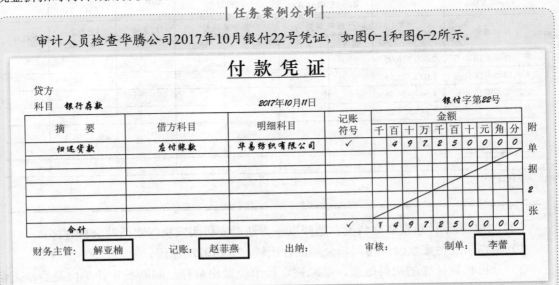

图 6-1　银付字第 22 号凭证

中国工商银行转账支票存根	
支票号码	0285210
科　　目	银行存款
对方科目	应付账款
签发日期	2017年10月11日
收款人：	华易纺织有限公司
金　额：	4,930,000元
用　途：	支付货款
单位主管	会计
复核	记账

中国工商银行现金支票存根	
支票号码	0345654
科　　目	银行存款
对方科目	应付账款
签发日期	2017年10月11日
收款人：	华晨商贸有限公司
金　额：	42,500元
用　途：	支付货款
单位主管	会计
复核	记账

图 6-2　支票存根

审计人员通过询问得知，华腾公司董事长杜小梅系华晨商贸公司股东，拥有其40%的股权。同时，查阅银付22号凭证所载业务的原始购货合同，获知华易纺织有限公司约定的付款条件为（1/10，*n*/20）。华腾公司付给华晨商贸公司的42,500元实际为享受的现金折扣。审计人员应编制调整分录：

借：银行存款　　42,500

　　贷：财务费用　　42,500

（6）确定应付账款的披露是否恰当。一般来说，“应付账款”项目应根据“应付账款”和“预付账款”科目所属明细科目的期末贷方余额的合计数填列。

检查应付账款是否存在借方余额，如有，应查明原因，必要时建议做重分类调整。结合其他应付款、预付款项等项目的审计，检查有无同时挂账的项目，或有无属于其他应付款的款项，如有，应做出记录，必要时，建议被审计单位做重分类调整或会计误差调整。

在上述审计程序的基础上，填列完整应付账款审定表，见表6-2。

表 6-2　应付账款审定表

中睿琪会计师事务所

客户名称 CLIENT	华腾有限责任公司		姓名 NAME	时间 DATE		
工作内容 DETAILS	应付账款 审定表	执行人及执行时间 PREPARED BY	张小雨	2018-1-15	索引号 INDEX NO.	FD1
会计期间或截止日 YEAR END	2017-12-31	复核人及复核时间 REVIEWED BY	李明	2018-1-16	页码 PAGE NO.	

（续）

项目名称	期末未审数	账项调整		重分类调整		期末审定数	上期末审定数	索引号
		借方	贷方	借方	贷方			
华易纺织有限公司	2,000,236.00					2,000,236.00		
天天绵纺有限公司	1,052,321.54					1,052,321.54		
洁洁贸易有限公司	1,567,434.56					1,567,434.56		
鹏程商贸有限公司	1,145,234.22					1,145,234.22		
裕民商贸有限公司	1,065,282.89					1,065,282.89		
维鑫毛纺公司	622,246.00		500,000.00			1,122,246.00		
小计	7,452,755.21					7,952,755.21		

审计结论：

经审计，被审计单位可以确认的应付账款余额是7,952,755.21元。

任务二　固定资产实质性程序

任务案例

华腾公司资产负债表上固定资产项目的余额为6,697,601.43元。固定资产项目的审计目标为：

（1）通过实地检查固定资产，确定账上记录的6,697,601.43元的固定资产确实存在。

（2）通过检查固定资产的所有权证明文件，如房产的产权证等确定固定资产的所有权确实属于华腾公司。

（3）通过检查华腾公司有无未入账的固定资产确认所有的固定资产都已登记入账。

（4）确认固定资产记录金额是否准确，固定资产的折旧额计算是否准确。

（5）确认固定资产在资产负债表上的披露是否恰当。

任务处理

（1）获取或编制固定资产和累计折旧分类汇总表，检查固定资产的分类是否正确并与总账数和明细账合计数核对是否相符，结合累计折旧、减值准备科目与报表数核对是否相符。填列固定资产审定表的期末未审数（见表6-10）。

（2）根据具体情况，选择以下方法对固定资产实施实质性分析程序：

1）计算本期计提折旧额与固定资产总成本的比率，将此比率同上期比较，旨在发现本期折旧额计算上可能存在的错误。

2）比较本期各月之间、本期与以前各期之间的修理及维护费用，旨在发现资本性支出和收益性支出区分上可能存在的错误。

3）比较本期与以前各期固定资产的增加和减少。固定资产的购置一般属于大额支出，当各期之间固定资产增加和减少的数额相差很大时，审计人员应当深入分析其差异，并根据被审计单位实际生产需要，判断差异产生的原因是否合理。

4）分析固定资产的构成及其增减变动情况，与在建工程、现金流量表、生产能力等相关信息交叉复核，检查固定资产相关金额的合理性和准确性。

┃ 任务案例分析 ┃

审计人员经审计得知，本期计提折旧费用 337,718.28 元，本期计提折旧与固定资产总成本的比率为 4.02%（337,718.28 /8,401,419.92）；上期计提折旧费用 307,133.92 元，上期计提折旧与固定资产总成本比率为 3.86%（307,133.92/7,951,016.28）。比率相差不大，审计人员认为可以接受。

（3）实地检查重要固定资产，确定其是否存在，关注是否存在已报废但仍挂账的固定资产。

在实地检查固定资产时，注册会计师应以固定资产明细分类账为起点，并实地追查至实际固定资产，以确定会计记录中所列固定资产是否确实存在，并了解其目前的使用状况。

当然，在实际审计工作中，为了确定固定资产是否全部入账，也可以以实地为起点，追查至固定资产明细分类账，以确定是否有实际的固定资产未入账，也就是说确定是否存在账外固定资产。

┃ 任务案例分析 ┃

审计人员随机抽取了本年期初固定资产中金额较大的项目，实地察看了固定资产的运行保管情况，详细情况见表 6-3。

表 6-3　固定资产抽查情况

资产编码	名称	原值	是否存在	运行状态是否良好
0208390002	平缝机	33,730.00	是	是
0453110311	福特福克斯	164,557.20	是	是

（4）检查固定资产的所有权。对各类固定资产，审计人员应收集各类证据以确定其是否确归被审计单位所有，审计人员对不同的固定资产应检查的相应证明文件见表6-4。

表 6-4　对不同的固定资产应检查的证明文件

固定资产类别	应检查的证明文件
房屋建筑物	房屋产权证明文件
外购的机器设备等	采购发票、采购合同等
房地产类	有关的合同、产权证明、财产税单、抵押借款的还款凭据、保险单等
对融资租入的固定资产	融资租赁合同
汽车等运输设备	有关运营证件

　　此外，对受留置权限制的固定资产，通常还应审核被审计单位的有关负债项目等予以证实。

| 任务案例分析 |

　　审计人员检查了固定资产产权证明文明，经核实固定资产确属华腾公司所有。审计人员将产权及相关证明文件复印并在复印件上注明"与原件核对无误"后，请华腾公司加盖公章。

　　（5）检查本期固定资产的增加。固定资产增加的方式不同，其入账价值和需要审查的文件便有所不同，但要注意审计的是有无随意扩大或减少固定资产入账价值的现象。

　　1）对于外购固定资产，通过核对采购合同、发票、保险单、发运凭证等资料，测试入账价值是否正确，相关税金处理是否正确，授权批准手续是否齐备，会计处理是否正确。

　　2）对于在建工程转入的固定资产，应检查竣工决算、验收和移交报告是否相符，与在建工程的相关记录是否核对相符，有无为了调节折旧费用，提前或推后转入固定资产现象。同时，还需重点审查借款费用资本化金额是否恰当。

　　3）对于投资者投入的固定资产，检查投资者投入的固定资产是否按投资各方确认的价值入账，交接手续是否齐全；涉及国有资产的，是否有评估报告，是否经国有资产管理部门评审备案或核准确认。

　　4）对于融资租赁增加的固定资产，获取融资租入固定资产的相关证明文件，检查融资合同主要内容，并结合长期应付款、未确认融资费用科目检查相关的会计处理是否正确。

　　5）检查固定资产的后续支出是否符合资本化条件，会计处理是否正确。

　　6）检查被审计单位的固定资产是否需要预计弃置费用，相关的会计处理是否符合规定。对于通过其他途径增加的固定资产，应检查增加固定资产的原始凭证，核对其计价及会计处理是否正确，法律手续是否齐全。编制固定资产增加检查表，见表6-5。

　　（6）检查本期固定资产的减少。固定资产的减少主要包括出售、向其他单位投资转出、向债权人抵债转让、报废、毁损、盘亏等。检查固定资产减少时，主要检查：

　　1）会计处理是否正确。

　　2）是否存在账载的固定资产实际已被清理的情况，或者是账面上已做固定资产减少处理，但固定资产仍在使用的情况。

　　3）结合固定资产清理账户检查固定资产清理所得是否入账；检查固定资产清理收入和清理费用的发生是否真实，有无相应授权批准文件。编制固定资产减少检查表，见表6-6。

　　（7）检查固定资产后续支出的核算是否符合规定。在具体实务中，对于固定资产发生的下列各项后续支出，通常的处理方法为：

　　1）固定资产修理费用，应当直接计入当期费用。

　　2）固定资产改良支出，应当计入固定资产账面价值，其增计后的金额不应超过该固定资产的可收回金额。

　　3）如果不能区分是固定资产修理还是固定资产改良，或固定资产修理和固定资产改良结合在一起，则企业应按会计准则相关规定进行判断，其发生的后续支出，分别计入固定资产价值或计入当期费用。

表 6-5　固定资产增加检查表

中睿琪会计师事务所

客户名称 CLIENT	华腾有限责任公司										
工作内容 DETAILS	固定资产增加检查表						索引号 INDEX NO.		ZO2		
会计期间或截止日 YEAR END	2017-12-31						页码 PAGE NO.				
执行人及执行时间 PREPARED BY	姓名 NAME 张小雨　时间 DATE 2018-1-15										
复核人及复核时间 REVIEWED BY	李明　2018-1-16										

固定资产名称	取得日期	取得方式	固定资产类别	增加情况 数量	增加情况 原价	凭证号	核对内容（用"√""×"表示） 1	2	3	4	5	6	7	8
IBM工作站	2017-1-1	购入	电子设备	1	18,600.00	银付02	√	√	√	√	√		√	
笔记本	2017-5-9	购入	电子设备	5	28,250.00	转20	√	√	√	√	√		√	
小轿车	2017-1-31	购入	运输设备	1	132,010.04	银付37	√	√	√	√	√		√	
验布机	2017-12-24	购入	机器设备	10	351,000.00	银付40	√	√	√	√				
小计					529,860.04									

核对内容说明：1. 与发票是否一致；2. 与付款单据是否一致；3. 与建造合同是否一致；4. 与收据报告或评估报告等是否一致；5. 审批手续是否齐全；6. 与在建工程转出数是否一致；7. 会计处理是否正确（入账日期和入账金额）；8. ......

表 6-6　固定资产减少检查表

中睿琪会计师事务所

客户名称 CLIENT	华腾有限责任公司										
工作内容 DETAILS	固定资产减少检查表						索引号 INDEX NO.		ZO3		
会计期间或截止日 YEAR END	2017-12-31						页码 PAGE NO.				
执行人及执行时间 PREPARED BY	姓名 NAME 张小雨　时间 DATE 2018-1-15										
复核人及复核时间 REVIEWED BY	李明　2018-1-16										

固定资产名称	取得日期	处置方式	处置日期	固定资产原价	累计折旧	减值准备	账面价值	处置收入	净损益	索引号	核对内容（用"√""×"表示） 1	2	3	4	5
夏利轿车	2010-8-4	出售	2017-8-4	79,456.40	69,193.28		10,263.12	14,000.00	3,736.88		√	√	√	√	√

核对内容说明：1. 与收款单据是否一致；2. 与合同是否一致；3. 审批手续是否完整；4. 会计处理是否正确；5. ......

审计说明：

本期减少固定资产的计价正确，手续完备，会计处理正确。

4）固定资产装修费用，符合会计准则相关规定可予资本化的，在两次装修期间与固定资产尚可使用年限两者中较短的期间内，采用合理的方法单独计提折旧。如果在下次装修时，该固定资产相关的装修项目仍有余额，应将该余额一次全部计入当期营业外支出。

（8）检查固定资产的租赁。租赁一般分为经营租赁和融资租赁两种。经营租赁和融资租赁在会计处理上是完全不同的。企业对以经营性租赁方式租入的固定资产，不在"固定资产"账户内核算，只是另设备查簿进行登记。而租出固定资产的企业，仍继续提取折旧，同时取得租金收入。对融资租入的固定资产应按企业自有固定资产一样管理，并计提折旧。

审计人员应重点审查租赁合同，确定租赁的性质（融资租赁还是经营租赁），检查是否合规合法，各项审批手续是否完备。租入固定资产有无久占不用、浪费损坏的现象；租出的固定资产有无长期不收租金、无人过问，是否有变相馈送、转让等情况。租入固定资产各项后续支出的处理是否符合规定。

审计人员对于重要的租赁事项，可以向对方单位（承租方或出租方）发询证函，以证实租赁的性质和租赁条款。

（9）获取暂时闲置固定资产的相关证明文件，并观察其实际状况，检查是否已按规定计提折旧，相关的会计处理是否正确。

（10）获取已提足折旧仍继续使用固定资产的相关证明文件，并做相应记录。

（11）获取持有待售固定资产的相关证明文件，并做相应记录。检查对其预计净残值调整是否正确、会计处理是否正确。

（12）对应计入固定资产的借款费用，应根据企业会计准则的规定，结合长、短期借款，应付债券或长期应付款的审计，检查借款费用（借款利息、折溢价摊销、汇兑差额、辅助费用）资本化的计算方法和资本化金额，以及会计处理是否正确。

---|任务案例分析|---

华腾公司不存在租赁的固定资产、暂时闲置的固定资产、已提足折旧仍继续使用的固定资产、持有待售的固定资产。华腾公司也没有在建工程，不存在应计入固定资产的借款费用。

（13）累计折旧实质性程序。

1）检查被审计单位制定的折旧政策和方法是否符合相关会计准则的规定。前后期是否一致，预计使用寿命和预计净残值是否合理。如采用加速折旧法，是否取得批准文件。

2）确定固定资产的折旧范围是否合理。如已全额计提减值准备的固定资产，是否已停止计提折旧；因更新改造而停止使用的固定资产是否已停止计提折旧；因大修理而停止使用的固定资产是否照提折旧；对按规定予以资本化的固定资产装修费用是否在两次装修期间与固定资产尚可使用年限两者较短的期间内，采用合理的方法单独计提折旧。

3）复核本期折旧费用的计提和分配，尤其要注意已计提减值准备的固定资产折旧计算是否正确。

| 任务案例分析 |

华腾公司累计折旧增减变动见表6-7。

表 6-7 累计折旧增减变动表

累计折旧增减变动表

	房屋及建筑物	机器及设备	电子设备	运输工具	总计
2016-12-31	689,897.12	104,788.05	150,608.66	489,999.65	1,435,293.48
计提折旧	157,474.27	25,752.71	55,326.90	99,164.40	337,718.28
转出				69,193.27	69,193.27
2017-12-31	847,371.39	130,540.76	205,935.56	519,970.78	1,703,818.49

管理费用分配表见表6-8。

表 6-8 管理费用分配表

管理费用		制造费用	合计
折旧费	研发费		
159,213.99	14,527.41	163,976.88	337,718.28

审计人员复算了华腾公司固定资产折旧，见表6-9。

表 6-9 固定资产折旧复算表

固定资产折旧复算表（房屋建筑物部分）

资产编码	名称	启用时间	原值	残值率	预计残值	预计使用月份	月折旧额	当期折旧月份	当期折旧
10001	厂房	2003-12-30	6,409,986.85	0.05	320,499.34	480.00	12,686.43	12.00	152,237.19
10002	雕塑	2003-12-30	37,600.00	0.05	1,880.00	300.00	119.07	12.00	1,428.80
10003	喷泉	2003-12-30	41,570.20	0.05	2,078.51	300.00	131.64	12.00	1,579.67
10004	门房	2003-12-30	58,648.56	0.05	2,932.43	300.00	185.72	12.00	2,228.65
小计			6,547,805.61						157,474.30

经复算，房屋建筑物2017年度应计提折旧157,474.30元，与账面记载157,474.27元相差不大，可以忽略。

（14）检查固定资产减值准备计提是否合理，是否经过审批，会计处理是否正确。

（15）确定固定资产的披露是否恰当。重点关注固定资产所有权是否受到限制，应结合借款等科目，检查是否存在已用于债务担保的固定资产。如有，则应取证并做相应的记录，同时提请被审计单位做恰当披露。

| 任务案例分析 |

华腾公司没有计提固定资产减值准备。审计人员在实地检查固定资产时，认定固定资产运行状态良好，没有减值迹象。审计人员在审计华腾公司借款项目时，未发现以固定资产进行债务担保的情形。

在上述审计程序的基础上，填列完整固定资产审定表，见表6-10。

表 6-10　固定资产审定表

中睿琪会计师事务所

客户名称 CLIENT	华腾有限责任公司		姓名 NAME		时间 DATE		
工作内容 DETAILS	固定资产审定表	执行人及执行时间 PREPARED BY	张小雨		2018-1-15	索引号 INDEX NO.	ZD1
会计期间或截止日 YEAR END	2017-12-31	复核人及复核时间 REVIEWED BY	李明		2018-1-16	页码 PAGE NO.	
项目名称	期末未审数	账项调整		重分类调整		期末审定数	上期末审定数	索引号
		借方	贷方	借方	贷方			
一、固定资产原值合计								
其中：房屋、建筑物	6,547,805.61					6,547,805.61		
机器设备	652,120.19					652,120.19		
电子设备	376,106.60					376,106.60		
运输工具	825,387.52					825,387.52		
小计	8,401,419.92					8,401,419.92		
二、累计折旧合计								
其中：房屋、建筑物	847,371.39					847,371.39		
机器设备	130,540.76					130,540.76		
电子设备	205,935.56					205,935.56		
运输工具	519,970.78					519,970.78		
小计	1,703,818.49					1,703,818.49		
三、减值准备合计								
其中：房屋、建筑物								
机器设备								
运输工具								
四、账面价值合计	6,697,601.43					6,697,601.43		

审计结论：

经审计，华腾有限责任公司固定资产的余额可以确认。

任务三　在建工程实质性程序

任务案例

　　华腾公司资产负债表上无在建工程项目，所以无需进行相关实质性程序。一般而言，在建工程的审计目标与固定资产类似，包括：

　　（1）通过实地检查在建工程，确定账上记录的在建工程确实存在。

　　（2）通过检查在建工程的相关证明文件，确定在建工程的所有权确实属于华腾公司。

　　（3）通过检查有无未入账的在建工程，确认所有的在建工程都已登记入账。

　　（4）确认在建工程记录金额是否准确。

　　（5）确认在建工程在资产负债表上的披露是否恰当。

任务处理

（1）获取或编制在建工程明细表，复核加计是否正确，并与总账数和明细账合计数核对是否相符，结合减值准备科目与报表数核对是否相符。填列在建工程审定表的期末未审数。

（2）检查在建工程项目的构成内容，并实地观察工程现场：

1）确定在建工程是否存在。

2）观察工程项目的实际完工程度。

3）检查是否存在已达到预计可使用状态，但未办理竣工决算手续、未及时进行会计处理的项目。

（3）检查本期在建工程的增加数：

1）询问管理层本期在建工程的增加情况，并与获取或编制的在建工程的明细表进行核对。

2）查阅公司资本支出预算、公司相关会议决议等，检查本年度增加的在建工程是否全部得到记录。

3）检查本期增加的在建工程的原始凭证是否完整，如立项申请、工程借款合同、施工合同、发票、工程物资请购申请、付款单据、建设合同、运单、验收报告等是否完整，计价是否正确。

4）检查增加的在建工程会计处理是否正确。

检查支付的工程款、领用的工程物资、应负担的职工薪酬、资本化的借款费用等项目的会计处理是否正确。

审计人员应编制在建工程增加检查情况表。

（4）检查本期在建工程的减少数：

1）了解在建工程结转固定资产的政策，并结合固定资产审计，检查在建工程转销额是否正确，是否存在将已交付使用的固定资产挂列在建工程而少计折旧的情形。

2）检查在建工程其他减少的情况，入账依据是否齐全，会计处理是否正确。

审计人员应编制在建工程减少检查情况表。

（5）检查是否有长期挂账的在建工程；如有，了解原因，并关注是否可能发生损失，检查减值准备计提是否正确。

（6）检查在建工程减值准备计提是否合理，是否经过审批，会计处理是否正确。

（7）检查在建工程是否已按照企业会计准则的规定在财务报表中做出恰当列报。

审计人员应主要结合长、短期借款等项目，了解在建工程是否存在抵押、担保情况。如有，应取证记录，并提请被审计单位做必要披露。

在上述审计程序的基础上，填列完整在建工程审定表。

任务四 无形资产实质性程序

任务案例

华腾公司资产负债表上无形资产项目的余额为 6,953,339.27 元。无形资产项目的审计目标为：

（1）通过实地检查无形资产，确定账上记录的 6,953,339.27 元的无形资产确实存在。

（2）通过检查无形资产的所有权证明文件，如土地使用权证等确定无形资产的所有权确实属于华腾公司。

（3）通过检查华腾公司有无未入账的无形资产确认所有的无形资产都已登记入账。

（4）确认无形资产在资产负债表上的披露是否恰当。

【任务处理】

（1）获取或编制无形资产明细表，复核加计是否正确，并与总账数和明细账合计数核对是否相符；结合累计摊销、无形资产减值准备科目与报表数核对是否相符。填列无形资产审定表的期末未审数（见表6-13）。

（2）检查无形资产的权属证书原件、非专利技术的持有和保密状况等，并获取有关协议和董事会纪要等文件、资料，检查无形资产的性质、构成内容、计价依据、使用状况和受益期限，确定无形资产的所有权和存在性。

（3）检查无形资产的增加：

1）检查投资者投入的无形资产是否按投资各方确认的价值入账，并检查确认价值是否公允，交接手续是否齐全；涉及国有资产的，是否有评估报告并经国有资产管理部门评审备案或核准确认。

2）对自行研发取得、购入或接受捐赠的无形资产，检查其原始凭证，确认计价是否正确，法律程序是否完备（如依法登记、注册及变更登记的批准文件和有效期）；会计处理是否正确。

3）对债务重组或非货币性资产交换取得的无形资产，检查有关协议等资料，确认其计价和会计处理是否正确。

| 任务案例分析 |

华腾公司本期增加无形资产项目的金额为 6,000,000.00 元。审计人员经审计，确认该项无形资产系 2017 年 7 月以 600 万元价格受让北京晨光大厦在租赁合同项下收取的权利；租赁合同自 2017 年 7 月 1 日开始，至 2021 年 2 月 28 日终止，共计 44 个月。

审计人员审阅了华腾公司与北京晨光大厦签订的转让协议，并追查至相关会计凭证资料，确认其会计处理正确。

（4）检查无形资产的减少：

1）取得无形资产处置的相关合同、协议，检查其会计处理是否正确。

2）检查房地产开发企业取得的土地用于建造对外出售的房屋建筑物，相关的土地使用权是否转入所建造房屋建筑物的成本。在土地上自行开发建造厂房等建筑物的，土地使用权和地上建筑物是否分别进行摊销和计提折旧。

3）当土地使用权用于出租或增值目的时，检查其是否转为投资性房地产核算，会计处理是否正确。

（5）检查无形资产的后续支出是否合理，会计处理是否正确。

（6）检查无形资产预计是否能为被审计单位带来经济利益，若否，检查是否将其账面价值予以转销，计入当期营业外支出。

（7）结合长、短期借款等项目的审计，了解是否存在用于债务担保的无形资产。如有，应取证并记录，并提请被审计单位做恰当披露。

（8）检查无形资产的摊销：

1）检查无形资产各项目的摊销政策是否符合有关规定，是否与上期一致，若改变摊销政策，检查其依据是否充分。检查被审计单位确定无形资产使用寿命的依据，分析其合理性。编制无形资产使用寿命分析表，见表6-11。

表6-11　无形资产使用寿命分析表

中睿琪会计师事务所

客户名称 CLIENT	华腾有限责任公司			姓名 NAME	时间 DATE		
工作内容 DETAILS	无形资产使用 寿命分析表	执行人及执行时间 PREPARED BY		张小雨	2018-1-15	索引号 INDEX NO.	ZU2
会计期间或截止日 YEAR END	2017-12-31	复核人及复核时间 REVIEWED BY		李明	2018-1-16	页码 PAGE NO.	
无形资产名称	合同性权利或 其他法定权利		权利到期后续约的情况		没有法定 使用年限		是否属于使用 寿命不确定	备注

无形资产名称	是否 使用	规定年限	已确定的 使用寿命	是否使 用	续约期计入使 用寿命的年限	已确定的使 用寿命	是否估计 使用寿命	是否 合理	是否属于使用 寿命不确定	备注
土地使用权	是	50年								
租赁权	是	3.67年								

审计结论：

经审计，无形资产使用年限确定合理。

注意：使用寿命不确定的无形资产不应摊销，但应当在每个会计期间对其使用寿命进行复核。

2）检查被审计单位是否在年度终了，对使用寿命有限的无形资产的使用寿命和摊销方法进行复核，其复核结果是否合理。

3）检查无形资产的应摊销金额是否为其成本扣除预计残值和减值准备后的余额，检查其预计残值的确定是否合理。

4）复核本期摊销是否正确，与相关科目核对是否相符。审计人员应编制累计摊销计算检查表，见表6-12。

表6-12　累计摊销计算检查表

中睿琪会计师事务所

客户名称 CLIENT	华腾有限责任公司			姓名 NAME	时间 DATE		
工作内容 DETAILS	累计摊销计算检查 表	执行人及执行时间 PREPARED BY		张小雨	2018-1-15	索引号 INDEX NO.	ZU3
会计期间或截止日 YEAR END	2017-12-31	复核人及复核时间 REVIEWED BY		李明	2018-1-16	页码 PAGE NO.	

无形资产名称	取得时间	使用 年限	无形资 产原值	残值率	累计摊销期 初余额	减值准备期 初余额	本期应 摊销额	本期 已摊销额	差异
土地使用权	2012-9-1	50	2,076,001.20	0	262,960.11	0.00	41,520.00	41,520.00	0
租赁权	2017-7-1	3.67	6,000,000.00	0	0.00	0.00	818,181.82	818,181.82	0
小计			8,076,001.20		262,960.11		859,701.82	859,701.82	

审计结论：

经审计，可以认可本期无形资产的累计摊销额。

（9）检查无形资产减值准备：

1）检查无形资产减值准备计提和转销的批准程序，取得书面报告等证明文件。

2）检查被审计单位计提无形资产减值准备的依据是否充分，会计处理是否正确。

3）检查无形资产转让时，相应的减值准备是否一并结转，会计处理是否正确。

4）对于使用寿命有限的无形资产，逐项检查是否存在减值迹象，并做出详细记录；对于使用寿命不确定的无形资产，无论是否存在减值迹象，是否都进行减值测试。

（10）检查无形资产是否已按照企业会计准则的规定在财务报表中做出恰当列报。

审计人员填列完整无形资产审定表，见表6-13。

表6-13 无形资产审定表

中睿琪会计师事务所

客户名称 CLIENT	华腾有限责任公司		姓名 NAME	时间 DATE		
工作内容 DETAILS	无形资产审定表	执行人及执行时间 PREPARED BY	张小雨	2018-1-15	索引号 INDEX NO.	ZU1
会计期间或截止日 YEAR END	2017-12-31	复核人及复核时间 REVIEWED BY	李明	2018-1-16	页码 PAGE NO.	

项目名称	期末未审数	账项调整		重分类调整		期末审定数	上期末审定数	索引号
		借方	贷方	借方	贷方			
一、无形资产原值合计								
土地使用权	2,076,001.20					2,076,001.20		
租赁权	6,000,000.00					6,000,000.00		
小计	8,076,001.20					8,076,001.20		
二、累计摊销合计								
土地使用权	304,480.11					304,480.11		
租赁权	818,181.82					818,181.82		
小计	1,122,661.93					1,122,661.93		
三、减值准备合计								
四、账面价值合计								
土地使用权	1,771,521.09					1,771,521.09		
租赁权	5,181,818.18					5,181,818.18		
小计	6,953,339.27					6,953,339.27		

审计结论：

经审计，华腾有限责任公司无形资产的余额可以确认。

任务五 长期待摊费用实质性程序

【任务案例】

华腾公司资产负债表上无长期待摊费用项目，所以无须进行相关实质性程序。一般而言，长期待摊费用的审计目标如下：

（1）通过查阅有关合同、协议等资料，检查是否经授权批准，确定账上记录的长期待摊费用确实存在。

（2）通过检查有无未入账的长期待摊费用确认所有的长期待摊费用都已登记入账。

（3）确认长期待摊费用记录金额是否准确。

（4）确认长期待摊费用在资产负债表上的披露是否恰当。

【任务处理】

（1）获取或编制长期待摊费用明细表，复核加计是否正确，并与报表数、总账数和明细账合计数核对是否相符。填列长期待摊费用审定表的期末未审数。

（2）抽查长期待摊费用的原始凭证，查阅有关合同、协议等资料，检查是否经授权批准，确定其合法性和真实性，会计处理是否正确。

（3）检查摊销政策是否符合会计制度的规定，复核计算摊销额及相关的会计处理是否正确，前后期是否保持一致，是否存在随意调节利润的情况。

（4）检查被审计单位筹建期间发生的开办费是否在开始经营当月计入管理费用。

（5）对于以经营租赁方式租入的固定资产发生的改良支出，应检查相关原始资料（如承租合同、装修合同和决算书等），确定改良支出金额是否正确；摊销期限是否合理，摊销额的计算及会计处理是否正确。

（6）检查被审计单位是否将预期不能为其带来经济利益的长期待摊费用项目的摊余价值转销。

（7）检查长期待摊费用是否已按照企业会计准则的规定在财务报表中做出恰当列报（注意剩余摊销期一年以内的长期待摊费用是否在财务报表内一年内到期的非流动资产项目中反映）。

任务六 长期应付款实质性程序

【任务案例】

华腾公司资产负债表上无长期应付款项目，所以无须进行相关实质性程序。一般而言，长期应付款的审计目标如下：

（1）通过查阅有关合同、协议等资料，检查是否经授权批准，确定账上记录的长期应付款确实存在。

（2）通过检查有无未入账的长期应付款，确认所有的长期应付款都已登记入账。

（3）确认长期应付款记录金额是否准确。

（4）确认长期应付款在资产负债表上的披露是否恰当。

任务处理

（1）获取或编制长期应付款明细表，复核加计是否正确，并与报表数、总账数和明细账合计数核对是否相符。填列长期应付款审定表的期末未审数。

（2）取得相关的合同或契约，检查双方是否履行合约规定的义务，授权批准手续是否齐全，有无抵押情况，并做记录；检查应付款额的确定是否正确，相关会计处理是否正确；检查应付款项的支付情况，有无未按合同规定付款，如有，应查明原因并记录。

（3）必要时，现场查看交易涉及的资产，并向债权人函证长期应付款。也可结合相对应购入（融资租入）固定资产检查长期应付款的会计处理是否正确。

（4）确定长期应付款的披露是否恰当：

1）长期应付款是否按减去未确认融资费用后的余额列示。

2）一年内到期的长期应付款是否转入一年内到期的非流动负债进行列示。

任务七 管理费用实质性程序

任务案例

华腾公司利润表上列示的管理费用发生额为 5,057,082.83 元。审计人员的审计目标如下：

（1）确认所记录的管理费用都是真实发生的。

（2）确认所有的管理费用均已登记入账，没有遗漏。

（3）确认管理费用记录的金额是准确的。

（4）确认管理费用未提前也未推后入账。

（5）确认管理费用记录的账户是恰当的，没有与其他项目混淆。

任务处理

（1）获取或编制管理费用明细表，复核加计是否正确，并与报表数、总账数及明细账合计数核对是否相符。填列管理费用审定表的期末未审数（见表6-17）。

（2）将管理费用中的职工薪酬、无形资产摊销、长期待摊费用摊销额等项目与各有关账户进行核对，分析其钩稽关系的合理性，并做出相应记录。

| 任务案例分析 |

审计人员将管理费用明细与相关账户核对，核对关系见表6-14。

表6-14 核对关系表

管理费用明细项目	有钩稽关系账户	分析结果
管理费用——职工薪酬	应付职工薪酬	钩稽关系合理
管理费用——折旧费	累计折旧	钩稽关系合理
管理费用——无形资产摊销	累计摊销	钩稽关系合理
管理费用——低值易耗品摊销	低值易耗品	钩稽关系合理
管理费用——应交税费	应交税费（房产税、车船税、土地使用税、印花税）	钩稽关系合理

（3）对管理费用进行分析：

1）计算分析管理费用中各项目发生额及占费用总额的比率，将本期、上期管理费用各主要明细项目做比较分析，判断其变动的合理性。

2）将管理费用实际金额与预算金额进行比较。

3）比较本期各月份管理费用，对有重大波动和异常情况的项目应查明原因，必要时做适当处理。

| 任务案例分析 |

审计人员将华腾公司本期、上期管理费用各主要明细项目做了比较分析，分析结果如下：

（1）华腾公司2017年度管理费用（5,057,082.83元）较2016年度管理费用（5,474,000.16元）下降了7.62%。

（2）2017年公司将销售人员的工资以及福利纳入销售费用中进行核算，同时未计提奖金，导致"管理费用——职工薪酬"较2016年下降。

（3）修理费是厂房、办公室以及办公设备等维修所产生的费用。公司计划在2017年对房屋进行大规模的维修，因此2017年房屋方面的维修基本没有发生，致使维修费用较2016年有所减少。

（4）公司2016年有一项技术使用权摊销完毕，因此，公司2017年无形资产摊销较2016年有一定的下降。

（5）2017年公司集中购买了一批电脑耗材金额和一套杀毒软件，同时还购买了一批办公用具，致使办公费较2016年有很大的上升。

……

（4）检查管理费用的明细项目的设置是否符合规定的核算内容与范围，结合成本费用的审计，检查是否存在费用分类错误，若有，应提请被审计单位调整。

（5）检查公司经费（包括行政管理部门职工薪酬、物料消耗、低值易耗品摊销、办公费和差旅费）是否系经营管理中发生或应由公司统一负担，检查相关费用报销内部管理办法，是否有合法原始凭证支持。

（6）检查董事会费（包括董事会成员津贴、会议费和差旅费等），检查相关董事会及股东会决议，是否在合规范围内开支费用。

（7）检查聘请中介机构费、咨询费（含顾问费），检查是否按合同规定支付费用，有无涉及诉讼及赔偿款项支出。

─┤ 任务案例分析 ├─

华腾公司 2017 年咨询费用为 264,995.63 元，审计人员在抽查咨询费用相关凭证时，发现 2017 年 4 月 15 日银付第 15 号凭证及支票存根，如图 6-3 和图 6-4 所示。

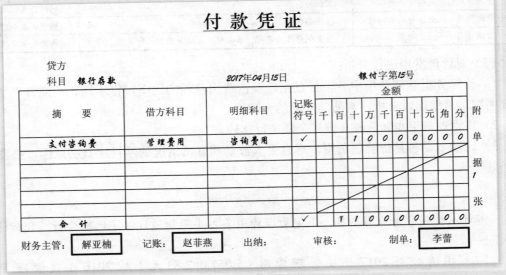

图 6-3　银付字第 15 号凭证

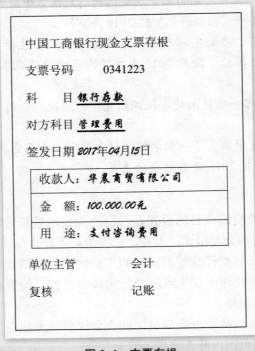

图 6-4　支票存根

　　　　审计人员经审计得知，该笔款项并非是真正的咨询费用，而是假做咨询费用，将10万元款项转移至华晨商贸公司。所以，审计人员应编制调整分录（假定货币资金已追回）：

　　　　借：银行存款　　　　　　　　　　　　　　　　　　　　100,000
　　　　　　贷：管理费用——咨询费　　　　　　　　　　　　　　　　100,000

　　（8）检查业务招待费的支出是否合理，如超过规定限额，应在计算应纳税所得额时调整。

　　（9）复核本期发生的矿产资源补偿费、房产税、土地使用税、印花税等税费是否正确。

　　（10）结合相关资产的检查，核对筹建期间发生的开办费（包括人员工资、办公费、培训费、差旅费、印刷费、注册登记费以及不计入固定资产成本的借款费用等）是否直接计入管理费用。

　　（11）针对特殊行业，检查排污费等环保费用是否合理计提。

　　（12）选择重要或异常的管理费用，检查费用的开支标准是否符合有关规定，计算是否正确，原始凭证是否合法，会计处理是否正确。

　　根据步骤2～12，抽取相关记账凭证，编制管理费用检查情况表，见表6-15。

表6-15　管理费用检查情况表

中睿琪会计师事务所

客户名称 CLIENT	华腾有限责任公司			姓名 NAME	时间 DATE		
工作内容 DETAILS	管理费用检查情况表		执行人及执行时间 PREPARED BY	王洁	2018-1-15	索引号 INDEX NO.	SE2
会计期间 或截止日 YEAR END	2017		复核人及复核时间 REVIEWED BY	李明	2018-1-16	页码 PAGE NO.	

记账日期	凭证编号	业务内容	对应科目	金额	核对内容（用"√""×"表示）						备注
					1	2	3	4	5	6	
2017-4-15	银付15	咨询费用	银行存款	100,000	×	×	×	√	×		
……											

核对内容说明：1. 原始凭证是否齐全；2. 记账凭证与原始凭证是否相符；3. 账务处理是否正确；4. 是否记录于恰当的会计期间；5. ……

审计结论：
该笔款项并非是真正的咨询费用，而是假做咨询费用，将10万元款项转移至华晨商贸公司。编制调整分录为：
借：银行存款　　　　　　　　　　　　　　　100,000
　　贷：管理费用　　　　　　　　　　　　　　　　100,000

　　（13）抽取资产负债表日前后若干天的凭证，实施截止性测试，若存在异常迹象，并考虑是否有必要追加审计程序，对于重大跨期项目，应做必要调整。审计人员应编制管理费用截止测试工作底稿，见表6-16。

表 6-16 管理费用截止测试

中睿琪会计师事务所

客户名称 CLIENT	华腾有限责任公司			姓名 NAME	时间 DATE		
工作内容 DETAILS	管理费用截止测试	执行人及执行时间 PREPARED BY		王洁	2018-1-15	索引号 INDEX NO.	SE3
会计期间或截止日 YEAR END	2017	复核人及复核时间 REVIEWED BY		李明	2018-1-16	页码 PAGE NO.	

编号	明细账			原始凭证				是否跨期（用"√""×"表示）	备注
	日期	凭证号	管理费用	日期	客户名称	业务摘要	金额		
……									
12	2017-12-31	银付135	12,500	2017-12-25	丰仪会务有限公司	会议费	12,500	×	

截止日前

截止日期：2017年12月31日

截止日后

……									

审计结论：

经审计，华腾有限责任公司管理费用不存在跨期确认的情况。

（14）确定管理费用是否已按照企业会计准则的规定在财务报表中做出恰当的列报。

在上述审计程序的基础上，填列完整管理费用审定表，见表6-17。

表 6-17 管理费用审定表

中睿琪会计师事务所

客户名称 CLIENT	华腾有限责任公司			姓名 NAME	时间 DATE		
工作内容 DETAILS	管理费用审定表	执行人及执行时间 PREPARED BY		王洁	2018-1-15	索引号 INDEX NO.	SE1
会计期间或截止日 YEAR END	2017	复核人及复核时间 REVIEWED BY		李明	2018-1-16	页码 PAGE NO.	

项目名称	本期未审数	账项调整		本期审定数	上期审定数	索引号
		借方	贷方			
管理费用——职工薪酬	616,113.45			616,113.45		
管理费用——保险费——财产保险	104,500.00			104,500.00		
管理费用——折旧费	159,213.99			159,213.99		
管理费用——修理费	35,809.90			35,809.90		
管理费用——无形资产摊销	41,520.00			41,520.00		
管理费用——低值易耗品摊销	32,057.54			32,057.54		
管理费用——业务招待费	37,710.19			37,710.19		

（续）

项目名称	本期未审数	账项调整		本期审定数	上期审定数	索引号
		借方	贷方			
管理费用——差旅费	104,406.90			104,406.90		
管理费用——办公费	372,932.48			372,932.48		
管理费用——水电费	128,118.53			128,118.53		
管理费用——税金	51,558.44			51,558.44		
管理费用——咨询费	264,995.63		100,000.00	164,995.63		SE2
管理费用——研究与开发费	2,690,236.33			2,690,236.33		
管理费用——绿化费	6,305.31			6,305.31		
管理费用——警卫消防费	16,800.00			16,800.00		
管理费用——会议费	121,869.32			121,869.32		
管理费用——运输费	59,956.44			59,956.44		
管理费用——取暖费	10,578.38			10,578.38		
管理费用——聘请中介机构费用	202,400.00			202,400.00		
小计	5,057,082.83			4,957,082.83		
合计						

审计结论：

经审计，华腾有限责任公司可以确认的管理费用发生额为4,957,082.83元。

（知识归纳）

采购与付款循环审计包括三个阶段：

（1）了解采购与付款循环内部控制，评价控制的设计，并确定其是否得到执行。

（2）确定是否需要进行控制测试以及需要进行控制测试时的程序。

（3）完成采购与付款循环各个项目的实质性程序。在实质性程序阶段，应关注被审计单位有无低估应付账款、固定资产入账时是否合理划分收益性支出和资本性支出等相关事项。

（阅读材料）

采购与付款循环内部控制

一、采购与付款业务流程控制

（一）请购与审批控制

（1）单位应当建立采购申请制度，依据购置物品或劳务等类型，确定归口管理部门，授予相应的请购权，并明确相关部门或人员的职责权限及相应的请购程序。

（2）单位应当加强采购业务的预算管理。对于预算内采购项目，具有请购权的部门应严格按照预算执行进度办理请购手续；对于超预算和预算外采购项目，具有请购权的部门应对需求部门提出的申请进行审核后再行办理请购手续。

（3）单位应当建立严格的请购审批制度。对于超预算和预算外采购项目，应当明确审批权限，由审批人根据其职责、权限以及单位实际需要等对请购申请进行审批。

（二）采购与验收控制

（1）单位应当建立采购与验收环节的管理制度，对采购方式确定、供应商选择、验收程序等做出明确规定，确保采购过程的透明化。

（2）单位应当根据物品或劳务等的性质及其供应情况确定采购方式。一般物品或劳务等的采购应采用订单采购或合同订货等方式，小额零星物品或劳务等的采购可以采用直接购买等方式。单位应当制定例外紧急需求的特殊采购处理程序。

（3）单位应当充分了解和掌握供应商的信誉、供货能力等有关情况，采取由采购、使用等部门共同参与比质比价的程序，并按规定的授权批准程序确定供应商。小额零星采购也应由经授权的部门事先对价格等有关内容进行审查。

（4）单位应当根据规定的验收制度和经批准的订单、合同等采购文件，由独立的验收部门或指定专人对所购物品或劳务等的品种、规格、数量、质量和其他相关内容进行验收，并出具验收证明。

对验收过程中发现的异常情况，负责验收的部门或人员应当立即向有关部门报告；有关部门应查明原因，及时处理。

（三）付款控制

（1）单位应当按照《现金管理暂行条例》《支付结算办法》和《内部会计控制规范——货币资金（试行）》等规定办理采购付款业务。

（2）单位财会部门在办理付款业务时，应当对采购发票、结算凭证、验收证明等相关凭证的真实性、完整性、合法性及合规性进行严格审核。

（3）单位应当建立预付账款和定金的授权批准制度，加强预付账款和定金的管理。

（4）单位应当加强应付账款和应付票据的管理，由专人按照约定的付款日期、折扣条件等管理应付款项。已到期的应付款项须经有关授权人员审批后方可办理结算与支付。

（5）单位应当建立退货管理制度，对退货条件、退货手续、货物出库、退货货款回收等做出明确规定，及时收回退货货款。

（6）单位应当定期与供应商核对应付账款、应付票据、预付账款等往来款项。如有不符，应查明原因，及时处理。

（四）监督检查

（1）单位应当建立对采购与付款内部控制的监督检查制度，明确监督检查机构或人员的职责权限，定期或不定期地进行检查。

单位监督检查机构或人员应通过实施符合性测试和实质性测试检查采购与付款业务内部控制制度是否健全，各项规定是否得到有效执行。

（2）对监督检查过程中发现的采购与付款内部控制中的薄弱环节，单位应当采取措施，及时加以纠正和完善。

二、采购与付款业务涉及的凭证和记录

所有的凭证一般都预先进行连续编号，采购与付款循环业务活动所涉及的主要凭证有：

（一）请购单

请购单是由商品制造、资产使用等部门的有关人员填写，送交采购部门，申请购买商品、劳务或其他资产的书面凭证。

（二）订购单

订购单是由采购部门填写，向另一企业购买订购单上所指定商品、劳务或其他资产的书面凭证。

（三）验收单

验收单是收到商品、资产时所编制的凭证，列示从供应商处收到的商品、资产的种类和数量等内容。

（四）卖方发票

卖方发票是供应商开具的，交给买方以载明发运的货物或提供的劳务、应付款金额和付款条件等事项的凭证。

（五）记账凭证

记账凭证是用于记录购货与付款业务的凭证，是登记账簿的依据。

（六）应付账款明细账

应付账款明细账用于记录应付账款的增减变动，是编制财务报表的依据。

（七）现金日记账和银行存款日记账

由采购所引起的货币资金增减变动，会记录在现金日记账和银行存款日记账中，可以与应付账款明细账起到相互核对的作用。

（八）卖方对账单

卖方对账单是由供货方按月编制的，标明期初余额、本期购买、本期支付给卖方的款项和期末余额的凭证。卖方对账单是供货方对有关业务的陈述，如果不考虑买卖双方在收发货物上可能存在的时间差等因素，其期末余额通常应与采购方相应的应付账款期末余额一致。

单位应当定期与供应商核对应付账款、应付票据、预付账款等往来款项。如有不符，应查明原因，及时处理。

参考资源

《审计（2017年度注册会计师全国统一考试辅导教材）》．中国注册会计师协会编．中国财政经济出版社

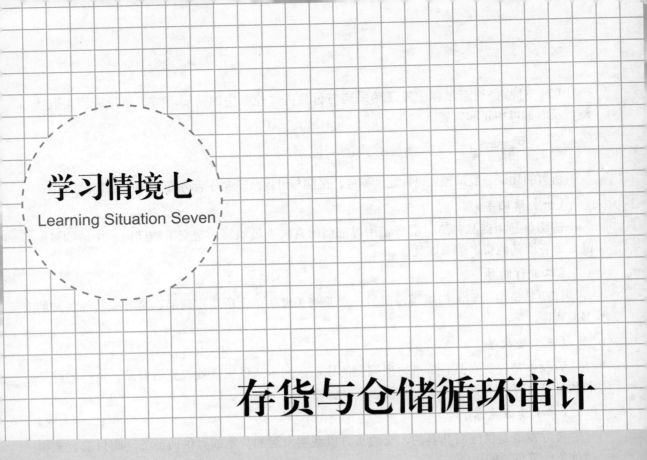

学习情境七
Learning Situation Seven

存货与仓储循环审计

学习目标

● 能根据企业实际情况确定存货和仓储循环的审计目标。

● 能完成存货和仓储循环各个项目的实质性程序。

任务一　存货审计实质性程序

任务案例

华腾公司资产负债表上存货项目的余额为 5,405,993.08 元。存货项目的审计目标为：

（1）存货的金额确实为 5,405,993.08 元。

（2）存货确实归华腾公司所有。

（3）所有应记录的存货都已包含在 5,405,993.08 元之内。

（4）存货已在资产负债表上恰当披露。

任务处理

一、存货监盘

（一）监盘前获取有关资料，以编制存货监盘计划

（1）复核或与管理层讨论其存货盘点计划，评价其能否合理地确定存货的数量和状况。

（2）完成被审计单位盘点的计划调查问卷（见表7-1）。

此外，对受留置权限制的存货，通常还应审核被审计单位的有关负债项目等予以证实。

｜任务案例分析｜

审计人员王华对华腾公司盘点计划进行复核，了解情况如下：

（1）不存在代销存货及所有权不属于本单位的存货。

（2）不存在陈旧、过时的存货，但华腾公司库存的部分毛涤面料和美丽绸面料由于仓库潮湿，有霉点现象。

（3）半成品、原材料和产成品是分开存放的。

（4）盘点期间存货停止移动，停止生产。

（5）所有的盘点都被独立检查，以确保它们的准确性。

审计人员认为被审计单位存货盘点计划适当，不存在缺陷。审计人员编制的盘点计划调查问卷的部分内容见表 7-1。

（3）了解存货的内容、性质、各存货项目的重要程度及存放场所。

（4）查阅以前年度报告的存货监盘工作底稿。

（5）编制存货监盘计划，并将计划传达给每一位监盘人员。

表 7-1 存货盘点计划问卷

中睿琪会计师事务所

客户名称 CLIENT	华腾有限责任公司		姓名 NAME	时间 DATE		
工作内容 DETAILS	存货盘点计划问卷	执行人及执行时间 PREPARED BY	王华	2018-1-15	索引号 INDEX NO.	ZI2-1
会计期间或截止日 YEAR END	2017-12-31	复核人及复核时间 REVIEWED BY	李明	2018-1-16	页 码 PAGE NO.	

1. 存货盘点的范围、盘点的场所以及盘点时间是如何确定的?

仓库名称	地 点	存货类型	占存货总额比例	盘 点 时 间
华腾有限责任公司仓库	公司内设仓库	原材料、产成品	84.19%	2018-1-15 13:30
制衣车间	公司生产车间	在制品	15.81%	2018-1-15 15:30

2. 盘点人员是如何组织分工的? 是否具有胜任能力?

盘点人员主要包括: 公司仓库保管员、仓库负责人和财务人员。均具备专业胜任能力。

3. 盘点过程是否有专家参加? 是否对专家参与盘点做出了适当的安排?

无

4. 是否存在代销存货等所有权不属于被审计单位的存货? 如有, 情况如何?

无

5. 有哪些毁损、陈旧、过时、残次的存货? 它们是如何区分和存放的?

库存的部分毛涤面料和美丽绸面料由于仓库潮湿, 有霉点现象。未单独存放。

6. 是否有存放在外单位的存货?如何进行盘点?

无

......

(二) 观察盘点现场, 确定盘点范围是否正确

(1) 确定应纳入盘点范围的存货是否已经适当整理和排列, 并附有盘点标识, 防止遗漏或重复盘点。若有存货未纳入盘点范围, 审计人员应当查明原因。

(2) 审计人员应当注意所有权不属于被审计单位的存货, 应确定是否已分别存放、标明, 且未被纳入盘点范围。即使被审计单位声明不存在该情形, 审计人员也应关注是否有些存货不属于被审计单位。

──┤ 任务案例分析 ├──

华腾公司仓库存货排放井然有序, 存货标识清晰。

审计人员经审, 认为被审计仓库存货均属公司所有, 所有存货均已被纳入盘点范围。

（三）检查已盘点的存货，填制存货抽盘核对表

（1）检查的范围通常包括每个盘点小组盘点的存货以及难以盘点或隐蔽性较强的存货。审计人员应尽可能避免让被审计单位事先了解将抽取检查的存货项目。

（2）在检查已盘点的存货时，注册会计师应当从存货盘点记录中选取项目追查至存货实物，以测试盘点记录的准确性；注册会计师还应当从存货实物中选取项目追查至存货盘点记录，以测试存货盘点记录的完整性。

（3）如果检查时发现差异，注册会计师应当查明原因，及时提请被审计单位更正。如果差异较大，注册会计师应当扩大检查范围或提请被审计单位重新盘点。

|任务案例分析|

审计人员对华腾公司库存商品及主要原材料进行抽查盘点，并填制存货抽盘核对表（见表7-2），发现毛涤面料盘盈10,000米，每米50元，经询问和查阅原始单据得知，该批材料于12月30日入库，但因未取得发票所以未做账务处理。审计人员认为该批原材料应做暂估入库处理。编制调整分录：

借：原材料——毛涤面料 　　　　　　　　　　　　　　500,000
　　贷：应付账款——维鑫毛纺公司 　　　　　　　　　　　500,000

表7-2　存货抽盘核对表

中睿琪会计师事务所

客户名称 CLIENT	华腾有限责任公司		姓名 NAME	时间 DATE		
工作内容 DETAILS	存货抽盘核对表	执行人及执行时间 PREPARED BY	王华	2018-1-15	索引号 INDEX NO.	ZI2-2
会计期间或截止日 YEAR END	2017-12-31	复核人及复核时间 REVIEWED BY	李明	2018-1-16	页码 PAGE NO.	

一、资产负债表日前抽盘核对数

序号	品名与规格	单位	抽盘日实存数量	加：抽盘日至资产负债表日入库数量	减：抽盘日至资产负债表日发出数量	资产负债表日实存数量	资产负债表日账面数量	差异	差异原因分析

二、资产负债表日后抽盘核对数

序号	品名与规格	单位	抽盘日实存数量	加：资产负债表日至盘点日发出数量	减：资产负债表日至盘点日入库数量	资产负债表日实存数量	资产负债表日账面数量	差异	差异原因分析
1	男式夹克	件	3,281	765	1,700	2,346	2,346	0	
2	男式西服套装	套	2,499	1,360	1,750	2,109	2,109	0	
3	女式风衣	件	1,416	816	1,640	592	592	0	
4	男式休闲西服	件	2,533	1,105	1,360	2,278	2,278	0	
5	美丽绸	米	8,800	4,500	5,800	7,500	7,500	0	
6	毛涤面料	米	15,400	3,500	2,200	16,700	6,700	10,000	收到毛涤面料，未暂估入账
7	防雨布料	米	780	2,000	2,000	780	780	0	
8	纯毛面料	米	6,000	5,600	5,600	6,000	6,000	0	
	……								

（4）需要特别关注的情况：

1）存货移动情况。注册会计师应当特别关注存货的移动情况，防止遗漏或重复盘点。尽管盘点存货时最好能保持存货不发生移动，但在某些情况下存货的移动是难以避免的。如果在盘点过程中被审计单位的生产经营仍将持续进行，审计人员应通过实施必要的检查程序，确定被审计单位是否已经对此设置了相应的控制程序，确保在适当的期间内对存货做出了准确记录。

2）存货的状况。审计人员应当特别关注存货的状况，观察被审计单位是否已经恰当区分所有毁损、陈旧、过时及残次的存货。

3）存货的截止。注册会计师应当获取盘点日前后存货收发及移动的凭证，检查库存记录与会计记录期末截止是否正确。注册会计师在对期末存货进行截止测试时，通常应当关注：

① 所有在截止日以前入库的存货项目是否均已包括在盘点范围内，并已反映在截止日以前的会计记录中；任何在截止日期以后入库的存货项目是否均未包括在盘点范围内，也未反映在截止日以前的会计记录中。

② 所有在截止日以前装运出库的存货项目是否均未包括在盘点范围内，且未包括在截止日的存货账面余额中；任何在截止日期以后装运出库的存货项目是否均已包括在盘点范围内，并已包括在截止日的存货账面余额中。检查盘点日前后的若干张入库单或验收报告，确定截止是否正确。

③ 所有已确认为销售但尚未装运出库的商品是否均未包括在盘点范围内，且未包括在截止日的存货账面余额中。检查盘点日前后的若干张出库单或发运报告，确定截止是否正确。

④ 所有已记录为购货但尚未入库的存货是否均已包括在盘点范围内，并已反映在会计记录中。

⑤ 在途存货和被审计单位直接向顾客发运的存货是否均已得到了适当的会计处理。

（5）审计人员应当根据自己在存货监盘过程中获取的信息对被审计单位最终的存货盘点结果汇总记录进行复核，并评估其是否正确地反映了实际盘点结果。

如果存货盘点日不是资产负债表日，注册会计师应当实施适当的审计程序，确定盘点日与资产负债表日之间存货的变动是否已做正确的记录。

（四）特殊情况的处理

审计人员有时会遇到由于存货的性质或位置而无法实施监盘程序的情形，此时应采取替代审计程序。

1. 导致无法实施监盘程序的情形

（1）存货的特殊性质：

1）存货涉及保密问题，如产品在生产过程中需要利用特殊配方或制造工艺。

2）存货系危害性物质，如辐射性化学品或气体。

（2）存货的特殊位置。如在途存货和存放于其他单位仓库或公共仓库的存货。

2. 实施替代审计程序

对具有特殊情况的存货实施审计，通常需要依赖内部控制。注册会计师应当复核采购、生产和销售记录，以获取充分、适当的审计证据，在通常情况下，还可以向能够接触到相关存货项目的第三方人员询证。例如，被审计单位将存货存放于其他单位，注册会计师通常需要向该单位获取委托代管存货的书面确认函等，询证函格式见表7-3。

表7-3　询证函格式

索引号：ZI3

委托代管存货询证

××公司：

　　本公司聘请的中睿琪会计师事务所正在对本公司20　年度财务报表进行审计。按照中国注册会计师审计准则的要求，应当询证截至20　年　月　日由贵公司持有的代本公司加工、销售或保管的存货的详细资料。下列数据出自本公司账簿记录，如与贵公司记录相符，请在本函下端"信息证明无误"处签章证明；如有不符，请在"信息不符"处列明不符情况。回函请直接寄至中睿琪会计师事务所。

　　回函地址：

　　电　话：　　　　　　　　传　真：　　　　　　　　邮　编：

　　　　　　　　　　　　　　　　　　　　　　　　　　联系人：

　　截至20　年　月　日由贵公司持有的代本公司加工、销售或保管的存货列示如下：

类别	品名	数量	是否有留置权	状况	备注
1. 代加工存货					
2. 代销售存货					
3. 代保管存货					

本函仅为复核账目之用，请及时函复为盼。

（被审计单位）
20　年　月　日
经办人：

以下仅供被询证单位使用

结论：

1. 信息证明无误。

（公司盖章）
20　年　月　日
经办人：

2. 信息不符，请列明不符项目及具体内容。

（公司盖章）
20　年　月　日
经办人：

（五）完成存货监盘报告

审计人员完成存货监盘报告，见表7-4。

表7-4　存货监盘报告

中睿琪会计师事务所

客户名称 CLIENT	华腾有限责任公司		姓名 NAME	时间 DATE		
工作内容 DETAILS	存货监盘报告	执行人及执行时间 PREPARED BY	王华	2018-1-15	索引号 INDEX NO.	ZI2-3
会计期间或截止日 YEAR END	2017-12-31	复核人及复核时间 REVIEWED BY	李明	2018-1-16	页　码 PAGE NO.	

（续）

存货监盘报告

一、盘点日期：2018年01月15日
二、盘点仓库名称：华腾有限责任公司仓库
仓库负责人：张丽丽
仓库记账员：王 毅　　　　　　　　仓库保管员：李小明
三、监盘参加人员：
监盘人员：王 华
公司盘点人员：张丽丽、李小明
四、监盘开始前的工作：

项 目	是/否	工作底稿编号
1. 索取"期末存货盘点计划"	是	略
2. 索取该仓库"存货收发月报表"	是	略
3. 索取盘点前仓库收、发料最后一张单证	是	略
4. 外单位寄存的货物是否已分开堆放	是	略

……

五、监盘进行中的工作：
1. 监盘从 13:30 点开始，共分一个监盘小组，每个小组3人。
……

六、复盘：
1. 盘点结束后，选择数额较大、收发频繁的存货项目进行复盘。
……

七、盘点结束后的工作：
……
八、对盘点及复盘的评价：

仓库管理人员对存货保管业务很熟悉；对盘点工作与复盘工作态度很认真；已索取由仓库人员编制的"盘点查异说明"，并请其加盖公章；已提请被审计单位人员在"存货抽盘核对表"上签字。

监盘人员签名：王华

二、材料采购（在途物资）实质性程序

（1）获取或编制材料采购（在途物资）的明细表，复核加计是否正确，并与总账数、明细账合计数核对是否相符。填列存货审定表中材料采购的期末未审数（见表7-12）。

┃ 任务案例分析 ┃

华腾公司期末在途物资余额为 0，经审计，可以确认。

（2）检查材料采购或在途物资。
1）对大额材料采购或在途物资，追查至相关的购货合同及购货发票，复核采购成本的正确性，并抽查期后入库情况，必要时发函询证。
2）检查期末材料采购或在途物资，核对有关凭证，查看是否存在不属于材料采购（在途物资）核算的交易或事项。
3）检查月末转入原材料等科目的会计处理是否正确。
（3）查阅资产负债表日前后若干天材料采购（在途物资）增减变动的有关账簿记录和收料报告单等资料，检查有无跨期现象，如有，则应做出记录，必要时做调整。编制存货

入库截止测试表和存货出库截止测试表，分别见表7-5和表7-6。

表 7-5　存货入库截止测试表

中睿琪会计师事务所

客户名称 CLIENT	华腾有限责任公司		姓名 NAME	时间 DATE		
工作内容 DETAILS	存货入库截止测试	执行人及执行时间 PREPARED BY	王华	2018-1-15	索引号 INDEX NO.	ZI4-1
会计期间或截止日 YEAR END	2017-12-31	复核人及复核时间 REVIEWED BY	李明	2018-1-16	页码 PAGE NO.	

一、从存货明细账的借方发生额中抽取样本与入库记录核对，以确定存货入库被记录在正确的会计期间

序号	摘要	明细账凭证			入库单（或购货发票）			是否跨期
		编号	日期	金额	编号	日期	金额	
1	购入毛涤面料	转30	2017-12-24	550,000	40	2017-12-18	550,000	否
2	购入美丽绸	转32	2017-12-25	211,200	42	2017-12-21	211,200	否
	……							

截止日前
截止日期：2017年12月31日
截止日后

1	购入毛涤面料	转4	2018-1-3	385,000	2	2018-1-1	385,000	否
2	购入纯毛面料	转5	2018-1-3	147,840	6	2018-1-2	147,840	否

二、从存货入库记录中抽取样本与明细账的借方发生额核对，以确定存货入库被记录在正确的会计期间

序号	摘要	入库单（或购货发票）			明细账凭证			是否跨期
		编号	日期	金额	编号	日期	金额	
1	购入毛涤面料	35	2017-12-20	500,000				未入账
	……							

截止日前
截止日期：2017年12月31日
截止日后

	……							

审计结论：

经审计，除12月20日购入毛涤面料未暂估入库外，未发现原材料购入有跨期入账情形。

表 7-6 存货出库截止测试表

中睿琪会计师事务所

客户名称 CLIENT	华腾有限责任公司		姓名 NAME	时间 DATE		
工作内容 DETAILS	存货出库截止测试	执行人及执行时间 PREPARED BY	王华	2018-1-15	索引号 INDEX NO.	ZI4-2
会计期间或截止日 YEAR END	2017-12-31	复核人及复核时间 REVIEWED BY	李明	2018-1-16	页码 PAGE NO.	

一、从存货明细账的贷方发生额中抽取样本与出库记录核对，以确定存货出库被记录在正确的会计期间

序号	摘要	明细账凭证			出库单（或购货发票）			是否跨期
		编号	日期	金额	编号	日期	金额	
1	领用毛涤面料	转27	2017-12-20	225,000	34	2017-12-17	225,000	否
2	领用美丽绸	转29	2017-12-22	105,600	35	2017-12-18	105,600	否
3	销售男式西服套装	转38	2017-12-31	187,263	5	2018-1-2	135,693	是
	……							

截止日前

截止日期：2017年12月31日

截止日后

1	领用毛涤面料	转2	2018-1-1	192,500	3	2018-1-1	192,500	否
2	领用纯毛面料	转4	2018-1-2	295,680	4	2018-1-2	295,680	否
	……							

二、从存货出库记录中抽取样本与明细账的贷方发生额核对，以确定存货出库被记录在正确的会计期间

序号	摘要	入库单（或购货发票）			明细账凭证			是否跨期
		编号	日期	金额	编号	日期	金额	
	……							

截止日前

截止日期：2017年12月31日

截止日后

	……							

审计结论：

经审计，未发现原材料领用有跨期入账情形，但有一笔销售男式西服套装的业务提前结转成本，金额为187,263元。

（4）如采用计划成本核算，审核材料采购账项有关材料成本差异发生额的计算是否正确。

（5）检查材料采购是否存在长期挂账事项，如有，应查明原因，必要时提出调整建议。

三、原材料实质性程序

（1）获取或编制原材料的明细表，复核加计是否正确，并与总账数、明细账合计数核对是否相符。填列存货审定表中原材料的期末未审数（见表7-12）。

（2）实质性分析程序（必要时）。

1）比较当年度及以前年度原材料成本占生产成本百分比的变动，并对异常情况做出解释。

2）比较原材料的实际用量与预算用量的差异，并分析其合理性。

3）核对仓库记录的原材料领用量与生产部门记录的原材料领用量是否相符，并对异常情况做出解释。

───┤ 任务案例分析 ├───

华腾公司2017年度原材料成本占生产成本百分比为97.32%（34,511,192.84/35,462,373.19）；2016年度原材料成本占生产成本百分比为96.50%（44,389,015.62/45,998,357.84）。2017年度较2016年度原材料成本占生产成本的比重有所上升，原因在于2017年度原材料价格上涨。审计人员核对了仓库记录的原材料领用量与生产部门记录的原材料领用量，二者相符。

（3）选取代表性样本，抽查原材料明细账的数量与盘点记录的原材料数量是否一致，以确定原材料明细账的数量的准确性和完整性。

（4）原材料的截止测试，编制存货入库截止测试表和存货出库截止测试表，分别见表表7-5和表7-6。

1）原材料入库截止测试。

① 在原材料明细账的借方发生额中选取资产负债表日前后若干张金额较大的凭证，并与入库记录（如入库单、购货发票、运输单据）核对，以确定原材料入库被记录在正确的会计期间。

② 在入库记录（如入库单、购货发票、运输单据）中选取资产负债表日前后若干张金额较大的凭证的凭据，与原材料明细账的借方发生额进行核对，以确定原材料入库被记录在正确的会计期间。

2）原材料出库截止测试：

① 在原材料明细账的贷方发生额中选取资产负债表日前后若干张金额较大的凭证，并与出库记录（如出库单、销货发票、运输单据）核对，以确定原材料出库被记录在正确的会计期间。

② 在出库记录（如出库单、销货发票、运输单据）中选取资产负债表日前后若干张金额较大的凭证的凭据，与原材料明细账的贷方发生额进行核对，以确定原材料出库被记录在正确的会计期间。

（5）原材料计价方法的测试：

1）检查原材料的计价方法前后期是否一致。

2）检查原材料的入账基础和计价方法是否正确。

3）检查原材料发出计价的方法是否正确。

4）结合原材料的盘点检查，期末有无料到单未到的情况，如有，应查明是否已暂估入账，其暂估价是否合理。

（6）结合银行借款等科目，了解是否有用于债务担保的原材料，如有，则应取证并做相应的记录，同时提请被审计单位做恰当披露。

四、材料成本差异实质性程序

（1）获取或编制材料成本差异的明细表，复核加计是否正确，并与总账数、明细账合计数核对是否相符。

（2）对材料成本差异率进行分析，检查是否有异常波动，注意是否存在调节成本现象。

（3）结合以计划成本计价的原材料、包装物等的入账基础测试，比较计划成本与供货商发票或其他实际成本资料，检查材料成本差异的发生额是否正确。

（4）抽查发出材料汇总表，检查材料成本差异的分配是否正确，并注意分配方法前后期是否一致。

| 任务案例分析 |

华腾公司 2017 年度各月材料成本差异保持在 9% 左右，没有较大波动。审计人员检查发出材料汇总表，材料成本差异的分配正确。

五、库存商品实质性程序

（1）获取或编制库存商品的明细表，复核加计是否正确，并与总账数、明细账合计数核对是否相符。填列存货审定表库存商品的期末未审数（见表7-12）。

（2）库存商品分析程序。

1）按品种分析库存商品各月单位成本的变动趋势，以评价是否有调节生产成本或销售成本的因素。

2）比较前后各期的主要库存商品的毛利率（按月、按生产线、按地区等）、库存商品周转率和库存商品账龄等，评价其合理性并对异常波动做出解释、查明异常情况的原因。

3）比较库存商品库存量与生产量及库存能力的差异，并分析其合理性。

4）核对仓库记录的库存商品入库量与生产部门记录的库存商品生产量是否一致，并对差异做出解释。

| 任务案例分析 |

华腾公司 2017 年度各月库存商品单位成本没有较大波动，各月库存商品的成本均围绕表 7-7 所示数值波动。

表7-7 华腾公司 2017 年度产品平均单位成本

名称	平均单位成本（元）
男士西服套装	624.21
女士风衣	120.84

华腾公司本年度产成品入库 37,476,013.25 元，结转产品成本 36,325,580.85 元，产销大致平衡。

5）核对发票记录的数量与发货量、订货量、主营业务成本记录的销售量是否一致，并对差异做出解释。

（3）选取代表性样本，抽查库存商品明细账的数量与盘点记录的库存商品数量是否一致，以确定库存商品明细账的数量的准确性和完整性。

1）从库存商品明细账中选取具有代表性的样本，与盘点报告（记录）的数量核对。

2）从盘点报告（记录）中抽取有代表性的样本，与库存商品明细账的数量核对。

（4）截止测试。编制存货入库截止测试表和存货出库截止测试表，分别见表7-5和表7-6。

1）库存商品入库的截止测试。

① 在库存商品明细账的借方发生额中选取资产负债表日前后若干张金额较大的凭证，并与入库记录（如入库单、购货发票、运输单据）核对，以确定库存商品入库被记录在正确的会计期间。

② 在入库记录（如入库单、购货发票、运输单据）选取资产负债表日前后若干张金额较大的凭据，与库存商品明细账的借方发生额进行核对，以确定库存商品入库被记录在正确的会计期间。

2）库存商品出库截止测试。

① 在库存商品明细账的贷方发生额中选取资产负债表日前后若干张金额较大的凭据，并与出库记录（如出库单、销货发票、运输单据）核对，以确定库存商品出库被记录在正确的会计期间。

② 在出库记录（如出库单、销货发票、运输单据）中选取资产负债表日前后若干张金额较大的凭证，与库存商品明细账的贷方发生额进行核对，以确定库存商品出库被记录在正确的会计期间。

──────┤ 任务案例分析 ├──────

　审计人员对库存商品进行了入库和出库的截止测试，未发现异常。工作底稿略去。

（5）检查库存商品计价方法是否正确。

六、生产成本实质性程序

（1）获取或编制生产成本的明细表，复核加计是否正确，并与总账数、明细账合计数核对是否相符。

（2）实质性分析程序：

1）对生产成本进行分析性复核，检查各月及前后期同一产品的单位成本是否有异常波动，注意是否存在调节成本现象。

2）分别比较前后各期及本年度各个月份的生产成本项目，以确定成本项目是否有异常变动以及是否存在调节成本的现象。

3）比较本年度及以前年度直接材料、直接人工、制造费用占生产成本的比例，并查明异常情况的原因。

4）核对下列相互独立部门的数据，并查明异常情况的原因：

① 仓库记录的材料领用量与生产部门记录的材料领用量。

② 工资部门记录的人工成本与生产部门记录的工时和工资标准之积。

（3）计价测试。

1）抽查成本计算单，检查直接材料、直接人工及制造费用的计算和分配是否正确，并与有关佐证文件（如领料记录、生产工时记录、材料费用分配汇总表、人工费用分配汇总表等）相核对。

① 获取并复核生产成本明细汇总表的正确性，将直接材料与材料耗用汇总表、直接人工与职工薪酬分配表、制造费用总额与制造费用明细表及相关账项的明细表核对，并做交叉索引。

② 检查车间在产品盘存资料，与成本核算资料核对；检查车间月末余料是否办理假退料手续。

③ 获取直接材料、直接人工和制造费用的分配标准和计算方法，评价其是否合理和适当，以确认在产品中所含直接材料、直接人工和制造费用是合理的。

2）获取完工产品与在产品的生产成本分配标准和计算方法，检查生产成本在完工产品与在产品之间，以及完工产品之间的分配是否正确，分配标准和方法是否适当，与前期比较是否存在重大变化，该变化是否合理。

编制直接材料成本检查情况表和直接人工成本检查情况表，分别见表7-8和表7-9。

表 7-8　直接材料成本检查情况表

中睿琪会计师事务所

客户名称 CLIENT	华腾有限责任公司		姓名 NAME	时间 DATE		
工作内容 DETAILS	直接材料成本 检查情况表	执行人及执行时间 PREPARED BY	王华	2018-1-15	索引号 INDEX NO.	ZI5-1
会计期间或截止日 YEAR END	2017-12-31	复核人及复核时间 REVIEWED BY	李明	2018-1-16	页码 PAGE NO.	

月份	名称及规格	金额	核对内容（用"√""×"表示）								佐证文件
			1	2	3	4	5	6	7	8	
……											
12	男式西服套装	1,646,621.96	√		√	√	√	√			

核对说明：

1. 材料耗用量与材料领料单汇总表核对是否相符。

2. 材料分配汇总表中该产品分配的直接材料成本与材料耗用量核对是否相符。

3. 材料成本在不同产品间的分配标准与计算方法是否合理和适当。

4. 材料成本在某产品完工产品和在产品中的分配标准和计算方法是否合理和适当。

5. 采用标准成本或定额成本的材料成本的确定是否合理，材料成本差异的计算和分配是否正确。

6. 直接材料的定额成本\标准成本本期有无变化。

7. ……

8. ……

表 7-9　直接人工成本检查情况表

中睿琪会计师事务所

客户名称 CLIENT	华腾有限责任公司		姓名 NAME	时间 DATE		
工作内容 DETAILS	直接人工成本 检查情况表	执行人及执行时间 PREPARED BY	王华	2018-1-15	索引号 INDEX NO.	ZI5-2
会计期间或截止日 YEAR END	2017-12-31	复核人及复核时间 REVIEWED BY	李明	2018-1-16	页码 PAGE NO.	

月份	名称及规格	金额	核对内容（用"√""×"表示）								佐证文件
			1	2	3	4	5	6	7	8	
……											
12	男式西服套装	47,574.44	√	√	√	√	√	√			

核对说明：

1. 直接人工成本汇总表与应付职工薪酬、人事部门工时记录等核对是否相符。

2. 直接人工成本汇总表中的人工成本是否包括五险一金（养老、医疗、失业、工伤、生育险及住房公积金）及两费（工会经费及教育经费）。

3. 直接人工成本分配表与直接人工汇总表核对是否相符。

4. 直接人工成本在不同产品间的分配标准与计算方法是否合理和适当。

5. 直接人工成本在某产品完工产品和在产品中的分配标准和计算方法是否合理和适当。

6. 采用标准成本或定额成本的人工成本的确定是否合理，直接人工成本差异的计算和分配是否正确。

7. 直接人工标准成本或定额成本本年度有无重大变化。

8. ……

（4）获取关于现有设备生产能力的资料，检查产量是否与现有生产能力相匹配；若产量超过设计生产能力，应提请被审计单位说明原因，并提供足够的依据及技术资料。

七、制造费用实质性程序

（1）获取或编制制造费用明细表，复核加计是否正确，并与总账数、明细账合计数核对是否相符。

（2）对制造费用进行分析比较：

1）比较本年度和以前年度，以及本年度各月制造费用的增减变动，询问并分析异常波动的原因。

2）分别比较前后各期及本年度各个月份的制造费用项目，以确定成本项目是否有异常变动，以及是否存在调节成本的现象。

（3）将制造费用明细表中的材料发生额与材料耗用汇总表、人工费用发生额与职工薪酬分配表、折旧发生额与折旧分配表、资产摊销发生额与各项资产摊销分配表及相关账项明细表核对一致，并做交叉索引。

（4）选择重要或异常的制造费用项目，检查其原始凭证是否齐全，会计处理是否正确。

（5）分析各项制造费用的性质，结合生产成本科目的审计，抽查成本计算单，检查制造费用的分配是否合理、正确，检查制造费用的分配方法前后期是否一致。

根据以上程序，编制制造费用检查情况表，见表7-10。

（6）必要时，对制造费用实施截止测试，检查资产负债表日前后若干张金额较大的制造费用明细账和凭证，确定有无跨期现象。

表 7-10　制造费用检查情况表
中睿琪会计师事务所

客户名称 CLIENT	华腾有限责任公司		姓名 NAME	时间 DATE		
工作内容 DETAILS	制造费用检查 情况表	执行人及执行时间 PREPARED BY	王华	2018-1-15	索引号 INDEX NO.	ZI5-3
会计期间或截止日 YEAR END	2017-12-31	复核人及复核时间 REVIEWED BY	李明	2018-1-16	页码 PAGE NO.	

月份	名称及规格	金额	核对内容（用"√""×"表示）								佐证文件
			1	2	3	4	5	6	7	8	
……											
12	男式西服套装	9,109.83	√	√	√	√	√	√	√	√	

核对说明：

1．核算制造费用的内容及范围是否正确。

2．制造费用汇总表与相关费用项目（如折旧费用）等核对是否相符。

3．制造费用在不同产品间的分配标准与计算方法是否合理和适当。

4．制造费用在某产品完工产品和在产品中的分配标准和计算方法是否合理和适当。

5．采用标准成本的制造费用的确定是否合理，制造费用差异的计算和分配是否正确。

6．标准制造费用本年度无重大变化。

7．是否存在异常会计事项。

8．……

八、存货跌价准备实质性程序

（1）获取或编制存货跌价准备明细表，复核加计是否正确，并与总账数、明细账合计数核对是否相符。

（2）检查分析存货是否存在减值迹象以判断被审计单位计提存货跌价准备的合理性。

（3）考虑不同存货的可变现净值的确定原则，复核其可变现净值计算正确性（即充足但不过度）。

1）对于用于生产而持有的原材料检查是否以所生产的产成品的估计售价减去至完工时估计将要发生的成本、估计的销售费用和相关税费后的金额作为其可变现净值的确定基础。

2）库存商品和用于出售而持有的原材料等直接用于出售的存货检查是否以该存货的估计售价减去估计的销售费用和相关税费后的金额作为其可变现净值的确定基础。

3）检查为执行销售合同而持有的库存商品等存货，是否以合同价格作为其可变现净值的确定基础；如果被审计单位持有库存商品的数量多于销售合同订购数量，超出部分的库存商品可变现净值是否以一般销售价格为计量基础。

（4）检查存货跌价准备的计算和会计处理是否正确，本期计提或转销是否与有关损益科目金额一致，比较是否存在重大变化，该变化是否合理。

────────── 任务案例分析 ──────────

华腾公司 2017 年度存货减值准备变动见表 7-11。

表 7-11　存货减值准备变动表

存货跌价准备				
2017-1-1	本期新增	本期转回	本期核销	2017-12-31
400,000.00	147,154.40	-400,000.00		-147,154.40

华腾公司于 2016 年年初购入冲锋衣布料 40,000 米，50 元/米，本拟生产冲锋衣。但由于生产工艺、市场销量等多种原因，迟迟未能生产。2016 年年底，该类冲锋衣布料价格降至 40 元/米。华腾公司计提了 400,000 元的跌价准备。但 2017 年年底，该批布料价格上涨至 50 元/米，于是华腾公司冲回了 400,000 元的跌价准备。华腾公司库存的部分毛涤面料和美丽绸面料由于仓库潮湿，有霉点现象，华腾公司为此在 2017 年度计提了 147,154.40 元的存货跌价准备。

审计人员调查了华腾公司购买的冲锋衣布料及其两年来的市场价格及相关资料，认为可以冲回原来计提的存货跌价准备。同时，审计人员请专家对毛涤面料和美丽绸面料的毁损程度进行鉴定，认为可以认可本期计提的存货跌价准备。

九、存货实质性程序

检查存货是否已按照企业会计准则的规定在财务报表中做出恰当列报包括下列内容：

（1）各类存货的期初和期末账面价值。

（2）确定发出存货成本所采用的方法。

（3）存货可变现净值的确定依据，存货跌价准备的计提方法，当期计提的存货跌价准备的金额，当期转回的存货跌价准备的金额，以及计提和转回的有关情况。

（4）用于担保的存货账面价值。

填列完整存货审定表，见表 7-12。

表 7-12　存货审定表

中睿琪会计师事务所

客户名称 CLIENT	华腾有限责任公司		姓名 NAME	时间 DATE		
工作内容 DETAILS	存货审定表	执行人及执行时间 PREPARED BY	王华	2018-1-15	索引号 INDEX NO.	ZI1
会计期间或截止日 YEAR END	2017-12-31	复核人及复核时间 REVIEWED BY	李明	2018-1-16	页码 PAGE NO.	
项目名称	期末未审数	账项调整		重分类调整		期末审定数	上期末审定数	索引号
		借方	贷方	借方	贷方			
一、存货账面余额								
原材料	3,266,219.24	500,000.00				3,766,219.24		ZI4-1
材料成本差异	-314,279.03					-314,279.03		
在产品	854,910.91					854,910.91		
库存商品	1,746,296.36					1,746,296.36		
合计	5,553,147.48					6,053,147.48		

（续）

项目名称	期末未审数	账项调整		重分类调整		期末审定数	上期末审定数	索引号
		借方	贷方	借方	贷方			
二、存货跌价准备								
原材料	−147,154.40					−147,154.40		
合计	−147,154.40					−147,154.40		
三、账面价值								
原材料	3,119,064.84					3,619,064.84		
材料成本差异	−314,279.03					−314,279.03		
在产品	854,910.91					854,910.91		
库存商品	1,746,296.36	187,263.00				1,933,559.36		ZI4-2
合计	5,405,993.08					6,093,256.08		

审计结论：

经审计后，存货可以审定的余额为6,093,256.08元。

任务二 营业成本实质性程序

任务案例

华腾公司利润表上列示的营业成本发生额为 43,945,347.39 元。审计人员的审计目标如下：

（1）确认所记录的营业成本都是真实发生的。

（2）确认所有的营业成本均已登记入账，没有遗漏。

（3）确认营业成本记录的金额是准确的。

（4）确认营业成本未提前也未推后入账。

（5）确认营业成本记录的账户是恰当的，没有与其他项目混淆。

任务处理

（1）获取或编制主营业务成本明细表，复核加计是否正确，并与总账数和明细账合计数核对是否相符，结合其他业务成本科目与营业成本报表数核对是否相符。

审计人员应填列营业成本审定表的期末未审数（见表7-16）。

（2）实质性分析程序（必要时）：

1）比较本年度与以前年度不同品种产品的主营业务成本和毛利率，并查明异常情况的原因。

2）比较本年度与以前年度各月主营业务成本的波动趋势，并查明异常情况的原因。

3）比较被审计单位与同行业的毛利率，并查明异常情况的原因。

4）比较本年度及以前年度主要产品的单位产品成本，并查明异常情况的原因。

┊ 任务案例分析 ┊

审计人员分析了以前年度和本年度结转的主营业务成本，见表7-13，未发现异常。

表7-13　本年度和上年度主营业务成本分析

产品类别	本年度			上年度			差额		
	数量	平均单位成本	总成本	数量	平均单位成本	总成本	数量	平均单位成本	总成本
女士风衣	67,305	120.84	8,133,136.20	65,207	105.63	6,887,815.41	2,098	15.21	1,245,320.79
男式西服套装	45,165	624.21	28,192,444.65	43,200	585.32	25,285,824.00	1,965	38.89	2,906,620.65

（3）检查主营业务成本的内容和计算方法是否符合会计准则的规定，前后期是否一致。

（4）复核主营业务成本明细表的正确性，编制生产成本与主营业务成本倒轧表，见表7-14。

表7-14　主营业务成本倒轧表

中睿琪会计师事务所

客户名称 CLIENT	华腾有限责任公司		姓名 NAME	时间 DATE		
工作内容 DETAILS	主营业务成本倒轧表	执行人及执行时间 PREPARED BY	王华	2018-1-15	索引号 INDEX NO.	SB2
会计期间或截止日 YEAR END	2017-12-31	复核人及复核时间 REVIEWED BY	李明	2018-1-16	页码 PAGE NO.	
存货种类	未审数		审定数		索引号	
期初原材料余额	3,524,624.79		3,524,624.79			
加：本期购入原材料	40,861,886.54		41,361,886.54		ZI4-1	
减：期末原材料余额	2,951,940.21		3,451,940.21		ZI1	
减：其他原材料发出额	6,795,375.84		6,795,375.84			
直接材料成本	34,639,195.28		34,639,195.28			
加：直接人工成本	856,339.92		856,339.92			
加：制造费用	163,976.88		163,976.88			
产品生产成本	35,659,512.08		35,659,512.08			
加：在产品期初余额	832,105.32		832,105.32			
减：在产品期末余额	854,910.91		854,910.91		ZI1	
减：其他在产品发出额						
库存商品成本	35,636,706.49		35,636,706.49			
加：库存商品期初余额	2,556,010.72		2,556,010.72			
减：库存商品期末余额	1,746,296.36		1,933,559.36		ZI4-2	
减：其他库存商品发出额						
主营业务成本	36,446,420.85		36,259,157.85			

审计结论：

12月20日购入毛涤面料未暂估入库，本期购入原材料和期末原材料均调增500,000元，库存商品调增187,263元。倒轧的主营业务成本审定数与主营业务成本审定数一致。倒轧的主营业务成本未审数（36,446,420.85元）与主营业务成本未审数（36,325,580.85元）之间的差额120,840元系华腾有限公司账务处理错误所致，详见学习情境五表5-4。

（5）针对主营业务成本中重大调整事项（如销售退回）、非常规项目，检查相关原始凭证，评价真实性和合理性，检查其会计处理是否正确。编制主营业务成本重大调整事项核查表，见表7-15。

表 7-15　主营业务成本重大调整事项核查表

中睿琪会计师事务所

客户名称 CLIENT	华腾有限责任公司		姓名 NAME	时间 DATE		
工作内容 DETAILS	主营业务成本重大调整事项核查表	执行人及执行时间 PREPARED BY	王华	2018-1-15	索引号 INDEX NO.	SB3
会计期间或截止日 YEAR END	2017	复核人及复核时间 REVIEWED BY	李明	2018-1-16	页码 PAGE NO.	
日期	凭证号	重大调整事项内容	调整金额		调整事由	理由是否充分
			借方	贷方		是　　否

编制说明：本表用于核查被审计单位账务处理中存在的主营业务成本重大调整事项的合理性。

审计说明：

───┤任务案例分析├───

华腾公司主营业务成本中无重大调整事，所以无须编制主营业务成本重大调整事项核查表。

（6）结合期间费用的审计，判断被审计单位是否通过将应计入生产成本的支出计入期间费用，或将应计入期间费用的支出计入生产成本等手段调节生产成本，从而调节主营业务成本。

（7）将本期其他业务成本与上期其他业务成本比较，检查是否有重大波动。如有，应查明原因。

（8）检查其他业务成本内容是否真实，计算是否正确，会计处理是否正确，择要抽查原始凭证予以核实。

（9）检查营业成本是否已按照企业会计准则的规定在财务报表中做出恰当列报。审计人员应填列完整营业成本审定表，见表7-16。

表 7-16　营业成本审定表

中睿琪会计师事务所

客户名称 CLIENT	华腾有限责任公司		姓名 NAME	时间 DATE		
工作内容 DETAILS	营业成本审定表	执行人及执行时间 PREPARED BY	王华	2018-1-15	索引号 INDEX NO.	SB1
会计期间或截止日 YEAR END	2017	复核人及复核时间 REVIEWED BY	李明	2018-1-16	页码 PAGE NO.	

（续）

项目名称	本期未审数	账项调整		本期审定数	上期审定数	索引号
		借方	贷方			
一、主营业务成本						
男式西服套装	28,192,444.65		187,263	28,005,181.65		ZI4-2
女士风衣	8,133,136.20	120,840		8,253,976.20		ZI4-1
小计	36,325,580.85			36,259,157.85		
二、其他业务成本						
劳务支出	779,063.70			779,063.70		
出租支出	45,327.00			45,327.00		
销售布料成本	6,795,375.84			6,795,375.84		
小计	7,619,766.54			7,619,766.54		
合计	43,945,347.39			43,878,924.39		

审计结论：

经审计，被审计单位审定的营业成本发生额为43,878,924.39元。

任务三　应付职工薪酬实质性程序

任务案例

华腾公司资产负债表上应付职工薪酬项目的余额为274,549.50元。应付职工薪酬项目的审计目标为：

（1）应付职工薪酬的金额确实为274,549.50元。

（2）应付职工薪酬确实属于被审计单位的义务。

（3）所有应记录的应付职工薪酬都已包含在274,549.50元之内。

（4）应付职工薪酬已在资产负债表上恰当披露。

任务处理

（1）获取或编制应付职工薪酬明细表，复核加计是否正确，并与报表数、总账数和明细账合计数核对是否相符。填列应付职工薪酬审定表的期末未审数（见表7-19）。

———| 任务案例分析 |———

华腾公司应付职工薪酬明细表见表7-17。

表 7-17　应付职工薪酬明细表

应付职工薪酬明细表				
	期初余额	本期支付	本期计提	期末余额
工资	600,000.00	2,060,102.95	1,460,102.95	0.00
职工福利费	0.00	137,250.89	137,250.89	0.00
社会保险费	124,628.62	318,521.34	405,145.94	211,253.22
基本养老保险费	68.20（借方余额）	196,079.59	217,519.90	21,372.11
医疗保险费	123,125.79	99,779.67	160,788.03	184,134.15
失业保险费	5.43	13,979.10	15,507.30	1,533.63
工伤保险费	117.47（借方余额）	2,193.38	2,433.23	122.38
生育保险费	1,683.07	6,489.60	8,897.48	4,090.95
住房公积金	0.00	140,683.20	140,683.20	0.00
工会经费	27,560.86	39,732.45	25,941.64	13,770.05
职工教育经费	30,070.00	0.00	19,456.23	49,526.23
非货币性福利	0.00	17,411.20	17,411.20	0.00
合计	782,259.48	2,713,702.03	2,205,992.05	274,549.50

（2）实质性分析程序：

1）比较被审计单位员工人数的变动情况，检查被审计单位各部门各月工资费用的发生额是否有异常波动，若有，则查明波动原因是否合理。

2）比较本期与上期工资费用总额，要求被审计单位解释其增减变动原因，或取得公司管理当局关于员工工资标准的决议。

3）结合员工社保缴纳情况，明确被审计单位员工范围，检查是否与关联公司员工工资混淆列支。

4）核对下列相互独立部门的相关数据：

① 工资部门记录的工资支出与出纳记录的工资支付数。

② 工资部门记录的工时与生产部门记录的工时。

5）比较本期应付职工薪酬余额与上期应付职工薪酬余额，是否有异常变动。

|任务案例分析|

从华腾公司应付职工薪酬明细表可以看出，本期应付职工薪酬项目余额较上期减少 507,709.98 元，主要原因是应付工资余额减少了 600,000.00 元。应付工资期初余额为 600,000.00 元，是华腾公司于 2016 年 11 月计提的年终奖，在 2017 年 3 月已发放，本期由于华腾公司效益不佳，没有计提奖金，本期应付工资余额为 0。

（3）检查工资、奖金、津贴和补贴：

1）计提是否正确，依据是否充分。

将执行的工资标准与有关规定核对，并对工资总额进行测试；被审计单位如果实行工效挂钩的，应取得有关主管部门确认的效益工资发放额认定证明，结合有关合同文件和实际完成的指标，检查其计提额是否正确，是否应做纳税调整。

2）检查分配方法与上年是否一致。

①应由生产产品、提供劳务负担的职工薪酬，计入产品成本或劳务成本。

②应由在建工程、无形资产负担的职工薪酬，计入建造固定资产或无形资产。

③检查发放金额是否正确，代扣的款项及其金额是否正确。

④检查是否存在属于拖欠性质的职工薪酬，并了解拖欠的原因。

| 任务案例分析 |

华腾公司没有拖欠职工工资，计提与分配方法和上年一致，具体计提分配金额见表7-18。

表7-18 应付职工薪酬分配表

应付职工薪酬分配表				
生产成本	销售费用	管理费用		合计
		应付职工薪酬	研发费用	
856,339.92	204,241.06	616,113.45	529,297.62	2,205,992.05

审计人员核对了应付职工薪酬与生产成本、销售费用、管理费用的钩稽关系，未发现异常。

（4）检查社会保险费（包括医疗、养老、失业、工伤、生育保险费）、住房公积金、工会经费和职工教育经费等计提（分配）和支付（或使用）的会计处理是否正确，依据是否充分。

（5）检查应付职工薪酬是否已按照企业会计准则的规定在财务报表中做出恰当的列报。

审计人员填列完整应付职工薪酬审定表，见表7-19。

表7-19 应付职工薪酬审定表

中睿琪会计师事务所

客户名称 CLIENT	华腾有限责任公司		姓名 NAME	时间 DATE		
工作内容 DETAILS	应付职工薪酬审定表	执行人及执行时间 PREPARED BY	王华	2018-1-15	索引号 INDEX NO.	FF1
会计期间或截止日 YEAR END	2017-12-31	复核人及复核时间 REVIEWED BY	李明	2018-1-16	页码 PAGE NO.	

（续）

项目名称	期末未审数	账项调整		重分类调整		期末审定数	上期末审定数	索引号
		借方	贷方	借方	贷方			
工资	0.00					0.00		
职工福利费	0.00					0.00		
社会保险费	211,253.22					211,253.22		
基本养老保险费	21,372.11					21,372.11		
医疗保险费	184,134.15					184,134.15		
失业保险费	1,533.63					1,533.63		
工伤保险费	122.38					122.38		
生育保险费	4,090.95					4,090.95		
住房公积金	0.00					0.00		
工会经费	13,770.05					13,770.05		
职工教育经费	49,526.23					49,526.23		
非货币性福利	0.00					0.00		
合计	274,549.50					274,549.50		

审计结论：

经审计，可以认可被审计单位的应付职工薪酬余额。

【知识归纳】

存货与仓储循环项目的审计包括三个阶段：

（1）了解存货与仓储循环内部控制，评价控制的设计，并确定其是否得到执行。

（2）确定是否需要进行控制测试以及需要进行控制测试时的程序。

（3）完成存货与仓储循环各个项目的实质性程序。在实质性程序阶段，存货的监盘、截止性测试以及重大金额项目的抽查都是重要的审计程序，是审计工作中必做的审计程序。

【阅读材料】

存货和成本费用内部控制

一、存货内部控制

（一）取得、验收与入库控制

（1）单位应当根据存货的不同取得方式，采取相应的控制方法实施有效控制，确保存货取得真实、合理、透明。

单位外购存货，应当符合《内部会计控制规范——采购与付款（试行）》的有关规定，采购批量和采购时点的确定应当符合市场状况、行业特征和单位经营管理的实际需要。

单位接受投资者投入的存货，其实有价值和质量状况应当经过评估和检查，并与单位筹资合同或协议的约定相一致。

单位取得的存货为对方单位抵顶债务的，该类存货的取得应经过单位有关部门和人员审核批准，其实有价值和质量状况应当符合双方的有关协议。

（2）单位应当组织有关部门和人员对所取得的存货的品种、规格、数量、质量和其他相关内容进行验收，出具验收证明。对于验收合格的存货，应当及时办理入库手续。

对验收过程中发现的异常情况，负责验收的部门和人员应当立即向有关部门报告；有关部门应当及时查明原因，视存货的不同取得方式做出相应处理。

（3）单位财会部门应当按照国家统一的会计制度的规定，根据验收证明对验收合格的存货及时办理入账手续，正确登记入库存货的数量与金额。

对会计期末货物已到、发票未到的收货，应暂估入账。

（4）单位存货管理部门应当设置实物明细账，详细登记经验收合格入库的存货的类别、编号、名称、规格、型号、计量单位、数量、单价等内容，并定期与财会部门核对。对代管、代销、暂存、受托加工的存货，应单独记录，避免与本单位存货相混淆。

（二）仓储与保管控制

（1）单位应当根据销售计划、生产计划、采购计划、资金筹措计划等制订仓储计划，合理确定库存存货的结构和数量。

（2）单位应当加强对存货的日常管理，严格限制未经授权的人员接触存货。

单位生产部门应当加强对生产现场的材料、低值易耗品、半成品等物资的管理与控制，并根据生产特点、工艺流程等对转入、转出存货的品种、数量等进行登记。对在生产过程中废弃的存货，也应进行登记。

单位仓储、保管部门应当建立岗位责任制，明确各岗位在值班轮班、入库检查、货物调运、出入库登记、仓场清理、安全保卫、情况记录等各方面的职责任务，并定期或不定期地进行检查。

（3）单位应当建立存货的分类管理制度，对贵重物品、生产用关键备件、精密仪器、危险品等重要存货，应当采取额外控制措施，确保重要存货的保管、调用、转移等经过严格授权批准，且在同一环节有两人或两人以上同时经办。

（4）单位应当按照国家有关法律法规要求，结合存货的具体特征，建立健全存货的防火、防潮、防鼠、防盗和防变质等措施，并建立相应的责任追究机制。

（5）单位应当建立健全存货清查盘点制度，定期或不定期地对各类存货进行实地清查和盘点，及时发现并掌握存货的灭失、损坏、变质和长期积压等情况。存货发生盘盈、盘亏的，应查明原因，分清责任，并及时报告有关部门。

（6）单位应当创造条件，逐步实现存货的信息化管理，确保相关信息及时传递，提高存货运营效率。

（7）单位应当建立健全存货成本会计核算系统，正确计算和结转存货成本。

单位应当加强对存货跌价的会计核算，及时掌握存货价值变动情况。确认、计量存货跌价的依据应当充分，方法应当正确。

（三）领用、发出与处置控制

（1）单位应当加强对存货领用与发出的控制。

单位内部各业务部门因生产、管理、基本建设等需要领用原材料等存货的，应当履行审批手续，填制领料凭证。

单位销售存货，应当符合《内部会计控制规范——销售与收款（试行）》的有关规定。

单位对外捐赠存货，应当履行审批手续，签订捐赠协议。捐赠对象应当明确，捐赠方式应当合理，捐赠程序应当可监督检查。

单位运用存货进行对外投资，应当履行审批手续，并与投资合同或协议等核对一致。

（2）单位应当建立存货处置环节的控制制度，明确存货处置的范围、标准、程序、审批权限和责任。

单位处置残、次、冷、背存货，应由仓储、质检、生产和财会等部门共同提出处置方案，经单位负责人或其授权人员批准后实施。

（3）单位应当组织相关部门或人员对存货的处置方式、处置价格等进行审核，重点审核处置方式是否适当，处置价格是否合理，处置价款是否及时、足额收取并入账。

（4）单位应当建立健全存货取得、验收、入库、保管、领用、发出及处置等各环节凭证、资料的保管制度，并定期与财会部门核对，发现问题，及时处理。

二、成本费用控制

（1）单位应当建立严格的成本费用预算制度，成本费用预算应当符合单位的发展目标和成本效益原则。

（2）单位应当根据成本费用预算内容，分解成本费用指标，落实成本费用责任主题，考核成本费用指标的完成情况，制定奖惩措施，实行成本费用责任追究制度。

（3）单位应当结合自身特点，采用适当的成本控制方法，提高成本管理效率。从事生产经营活动的单位应当采用标准成本、定额成本或作业成本等成本控制方法，利用现代信息技术，结合生产工艺特点，实施对成本的控制与管理。

（4）单位应当加强对材料采购和耗用的成本控制，将材料成本控制在预算范围内。

单位应当根据《内部会计控制规范——采购与付款（试行）》的规定，确定材料供应商和采购价格，并采用经济批量等方法确定材料采购批量，控制材料的采购成本和储存成本。

单位应当根据《内部会计控制规范——存货（试行）》的规定，并按照生产计划或耗用定额，确定材料物资耗用的品种和数量，控制材料耗用成本。

（5）单位应当建立人工成本控制制度，合理设置工作岗位，以岗定责，以岗定员，以岗定酬，通过实施严格的绩效考评与激励机制控制人工成本。

（6）单位应当明确制造费用支出范围和标准，采用弹性预算等方法，加强对制造费用的控制。

（7）单位应当制定费用的开支范围、标准和费用支出的申请、审核、审批、支付程序，严格控制各项费用的开支。

单位应当根据费用预算和经济业务的性质，按照授权批准制度所规定的权限，对费用支出申请进行审批。

单位会计机构或人员在办理费用支出业务时，应当根据经批准的费用支出申请，对发票、结算凭证等相关凭据的真实性、完整性、合法性及合规性进行严格审核。

（8）单位应当建立合理的成本费用核算制度，成本费用核算制度应符合国家统一的会计制度的规定，不得随意改变成本费用的确认标准或者计量方法，不得虚列、多列、不列或者少列成本费用。

（9）单位应当建立成本费用内部报告制度，实时监控成本费用的支出情况，对于实际发生的成本费用与成本费用预算的差异，应及时查明原因，并做出相应处理。

（10）对需追加的成本费用预算，单位应当重新办理审批手续。

（参考资源）

《审计（2017年度注册会计师全国统一考试辅导教材）》. 中国注册会计师协会编. 中国财政经济出版社

学习情境八
Learning Situation Eight

筹资与投资循环审计

学习目标

- 能根据企业实际情况确定筹资与投资循环的审计目标。
- 能完成筹资与投资循环各个项目的实质性程序。

任务一　短期借款实质性程序

（任务案例）

┤任 务 案 例├

华腾公司资产负债表上短期借款项目的余额为 15,085,745.09 元。短期借款项目的审计目标为：

（1）短期借款的金额确实为 15,085,745.09 元。

（2）短期借款确实是华腾公司的义务，需要在未来偿还。

（3）所有应记录的短期借款都已包含在 15,085,745.09 元之内。

（4）短期借款已在资产负债表上恰当披露。

（任务处理）

（1）获取或编制短期借款明细表，复核加计是否正确，并与报表数、总账数和明细账合计数核对是否相符。检查非记账本位币短期借款的折算汇率及折算金额是否正确，折算方法是否前后期一致。填制短期借款审定表的期末未审数（见表 8-7）。

（2）检查被审计单位贷款卡，核实账面记录是否完整。对被审计单位贷款卡上列示的信息与账面记录核对的差异进行分析，并关注贷款卡中列示的被审计单位对外担保的信息。

（3）对短期借款进行函证。如果期末短期借款余额较大或审计人员认为必要时，应向银行或其他债权人进行函证，检查短期借款的正确性。

┤任 务 案 例 分 析├

华腾公司资产负债表上短期借款明细表见表 8-1。

表 8-1　短期借款明细表

短期借款明细				
项目	2016-12-31	本期增加	本期减少	2017-12-31
票据贴现	12,722,340.00	5,085,745.09	12,722,340.00	5,085,745.09
招商银行		10,000,000.00		10,000,000.00
合计	12,722,340.00	15,085,745,09	12,722,340.00	15,085,745.09

短期借款的期初余额为 2016 年审计时调整至短期借款的已贴现未到期的银行承兑汇票金额。同时将 2017 年 12 月 31 日已贴现未到期的银行承兑汇票 5,085,745.09 元计入短期借款中。

（4）检查短期借款的增加。对年度内增加的短期借款，检查借款合同和授权批准，了解借款数额、借款用途、借款条件、借款日期、还款期限、借款利率，并与相关会计记录相核对。

| 任务案例分析 |

　　审计人员检查了本期增加的招商银行的借款，主要检查的事项包括借款合同、贷款卡等，在函证招商银行存款的同时函证了该笔短期借款。审计人员还审阅和核对了该笔借款的会计记录，认为该笔借款是真实存在的，记录准确。向招商银行的详细借款信息见表8-2。

表8-2　招商银行详细借款信息

项目	类别	金额	借款起始日	借款到期日	担保单位	利率
招商银行	担保	10,000,000	2017-5-8	2018-5-7	宏伟纺织公司	固定利率

　　（5）检查短期借款的减少。对年度内减少的短期借款，应检查相关记录和原始凭证，核实还款数额，并与银行存款日记账及银行对账单核对，验证各项短期借款的金额、日期和利率是否正确。

　　填制短期借款检查情况表，见表8-3。

表 8-3　短期借款检查情况表

中睿琪会计师事务所

客户名称 CLIENT	华腾有限责任公司				姓名 NAME		时间 DATE			
工作内容 DETAILS	短期借款检查情况表			执行人及执行时间 PREPARED BY		黄卉		2018-1-15	索引号 INDEX NO.	FA2
会计期间或截止日 YEAR END	2017-12-31			复核人及复核时间 REVIEWED BY		李明		2018-1-16	页码 PAGE NO.	
记账日期	凭证编号	业务内容	对应科目	金额	核对内容（用"√""×"表示）					备注
					1	2	3	4	5	6	
2017-5-8	银收10号	短期借款	银行存款	100,000,00	√	√	√	√			
……										

　　核对内容说明：1. 原始凭证是否齐全；2. 记账凭证与原始凭证是否相符；3. 账务处理是否正确；4. 是否记录于恰当的会计期间；5. ……

　　审计结论：
　　短期借款账务处理正确、恰当。

　　（6）复核短期借款利息并填制利息分配检查情况表，见表8-4。

表 8-4　利息分配检查情况表

中睿琪会计师事务所

客户名称 CLIENT	华腾有限责任公司					姓名 NAME		时间 DATE		
工作内容 DETAILS	利息分配检查情况表				执行人及执行时间 PREPARED BY	黄卉		2018-1-15	索引号 INDEX NO.	FA3
会计期间或截止日 YEAR END	2017-12-31				复核人及复核时间 REVIEWED BY	李明		2018-1-16	页码 PAGE NO.	
项目名称	实际利息	核对内容（用"√"、"×"表示）						核对是 否正确	差异原 因分析	
		财务费用	在建工程	制造费用	研发支出	……	合计			
短期借款——招行	414,067.50	414,067.50					414,067.50	是		
……										

　　审计结论：
　　经审计，可以认可被审计单位的利息分配。

　　根据短期借款的利率和期限，检查被审计单位短期借款的利息计算是否正确；如有未计利息和多计利息，应做出记录，必要时提请进行调整。

| 任务案例分析 |

审计人员复算了招商银行短期借款利息，见表8-5。

表8-5　招商银行短期借款利息表

银行名称	开始日期	结束日期	金额	利率	占用天数	应付利息
招商银行	2017-5-7	2017-12-31	10,000,000.00	6.24%	239	414,266.67

审计人员复算了贴现票据利息，部分计算结果见表8-6。

表8-6　贴现票据利息计算表

贴现票据利息计算表（部分）								
出票人	收到日期	签发日期	到期日期	票面金额	处理日期	贴现银行	贴现利率（每月）	利息
华厦金融租赁有限公司	2017-8-7	2017-8-4	2018-2-4	200,000.00	2017-12-31	北京工商银行	1.5%	350.00
经纬纺织汉中分公司	2017-8-6	2017-8-4	2018-2-3	1,554,000.00	2017-12-31	北京工商银行	1.5%	2,641.80
安适棉纺厂	2017-8-22	2017-8-18	2018-2-18	400,000.00	2017-12-31	北京工商银行	1.5%	980.00
安适棉纺厂	2017-8-22	2017-8-18	2018-2-18	400,000.00	2017-12-31	北京工商银行	1.5%	980.00
安适棉纺厂	2017-8-22	2017-8-18	2018-2-18	223,745.09	2017-12-31	北京工商银行	1.5%	548.18
湖北捷捷贸易有限公司	2017-8-28	2017-8-8	2018-2-8	300,000.00	2017-12-31	北京工商银行	1.5%	585.00
华厦金融租赁有限公司	2017-9-8	2017-9-5	2018-3-5	200,000.00	2017-12-31	北京工商银行	1.5%	640.00
华厦金融租赁有限公司	2017-9-5	2017-9-5	2018-3-5	200,000.00	2017-12-31	北京工商银行	1.5%	640.00
华厦金融租赁有限公司	2017-9-8	2017-9-5	2018-3-5	200,000.00	2017-12-31	北京工商银行	1.5%	640.00
华厦金融租赁有限公司	2017-9-8	2017-9-5	2018-3-5	200,000.00	2017-12-31	北京工商银行	1.5%	640.00
屏屏轻纺有限公司	2017-11-6	2017-10-31	2018-5-1	400,000.00	2017-12-31	北京工商银行	1.5%	2,420.00
光明纺织有限公司	2017-11-11	2017-11-6	2018-5-6	208,000.00	2017-12-31	北京工商银行	1.5%	1,310.40
舒怡针纺织品有限责任公司	2017-11-26	2017-11-20	2018-5-20	200,000.00	2017-12-31	北京工商银行	1.5%	1,400.00
舒怡针纺织品有限责任公司	2017-11-26	2017-11-20	2018-5-20	200,000.00	2017-12-31	北京工商银行	1.5%	1,400.00
舒怡针纺织品有限责任公司	2017-11-26	2017-11-20	2018-5-20	200,000.00	2017-12-31	北京工商银行	1.5%	1,400.00
小计				5,085,745.09				16,575.38

　　（7）检查被审计单位用于短期借款的抵押资产的所有权是否属于企业，其价值和实际状况是否与契约中的规定相一致。

　　（8）检查被审计单位与贷款人之间所发生的债务重组。检查债务重组协议，确定其真实性、合法性，并检查债务重组的会计处理是否正确。

（9）检查短期借款是否已按照企业会计准则的规定在财务报表中做出恰当的列报。检查被审计单位短期借款是否按信用借款、抵押借款、质押借款、保证借款分别披露；检查期末逾期借款是否按贷款单位、借款金额、逾期时间、年利率、逾期未偿还原因和预期还款期等进行披露。填列完整短期借款审定表，见表8-7。

表 8-7 短期借款审定表

中睿琪会计师事务所

客户名称 CLIENT	华腾有限责任公司		姓名 NAME		时间 DATE		
工作内容 DETAILS	短期借款审定表	执行人及执行时间 PREPARED BY	黄卉		2018-1-15	索引号 INDEX NO.	FA1
会计期间或截止日 YEAR END	2017-12-31	复核人及复核时间 REVIEWED BY	李明		2018-1-16	页码 PAGE NO.	
项目名称	期末未审数	账项调整		重分类调整		期末审定数	上期末 审定数	索引号
		借方	贷方	借方	贷方			
短期借款——票据贴现	5,085,745.09					50,857,45.09		
短期借款——招商银行	100,000,00					10,000,000		
合计	15,085,745.09					15,085,745.09		

审计结论：
经审计，被审计单位短期借款的余额可以确认。

任务二　长期借款实质性程序

任务案例

华腾公司资产负债表上长期借款项目的余额为 6,400,000.00 元。长期借款项目的审计目标为：

（1）长期借款的金额确实为 6,400,000.00 元。

（2）长期借款确实是华腾公司的义务，需要在未来偿还。

（3）所有应记录的长期借款都已包含在 6,400,000.00 元之内。

（4）长期借款已在资产负债表上恰当披露。

任务处理

（1）获取或编制长期借款明细表，复核加计是否正确，并与总账数和明细账合计数核对是否相符，减去将于一年内偿还的长期借款后与报表数核对是否相符；检查非记账本位币长期借款的折算汇率及折算是否正确，折算方法是否前后期一致。填制长期借款审定表的期末未审数（见表8-11）。

┤任务案例分析├

华腾公司资产负债表上长期借款明细表见表8-8。

表8-8　长期借款明细表

长期借款明细				
项目	2016-12-31	本期增加	本期减少	2017-12-31
中国工商银行	10,000,000		3,600,000	6,400,000
合计	10,000,000		3,600,000	6,400,000

华腾公司与工商银行签订的长期借款在2017年展期一年，同时公司在2017年归还了3,600,000元的借款。

（2）检查被审计单位贷款卡，核实账面记录是否完整。对被审计单位贷款卡上列示的信息与账面记录核对的差异进行分析，并关注贷款卡中列示的被审计单位对外担保的信息。

（3）对长期借款进行函证。如果长期借款期末余额较大或审计人员认为有必要时，可向银行或其他债权人询证，同时要求对方说明有无其他修改条款、协议及担保条件，以确认其余额的真实性。

（4）检查长期借款的增加。对年度内增加的长期借款，检查借款合同和授权批准，了解借款数额、借款条件、借款用途、借款日期、还款期限、借款利率，并与相关会计记录核对。检查长期借款的减少：对年度内减少的长期借款，检查相关记录和原始凭证，核实还款数额，并与相关会计记录核对。如果年末存在到期未偿还的借款，审查其是否办理了延期手续，判断分析被审计单位的资信程度和偿债能力。

填制长期借款检查情况表，见表8-9。

表8-9　长期借款检查情况表

中睿琪会计师事务所

客户名称 CLIENT	华腾有限责任公司			姓名 NAME	时间 DATE		
工作内容 DETAILS	长期借款检查情况表		执行人及执行时间 PREPARED BY	黄卉	2018-1-15	索引号 INDEX NO.	FA2
会计期间或截止日 YEAR END	2017-12-31		复核人及复核时间 REVIEWED BY	李明	2018-1-16	页码 PAGE NO.	
记账日期	凭证编号	业务内容	对应科目	金额	核对内容（用"√""×"表示）		备注
					1	2 3 4 5 6	
2017-7-31	银付201	还款	银行存款	3,600,000	√	√ √ √	
……							

核对内容说明：1. 原始凭证是否齐全；2. 记账凭证与原始凭证是否相符；3. 账务处理是否正确；4. 是否记录于恰当的会计期间；5. ……

审计结论：
经抽查长期借款相关凭证，未发现异常事项。

（5）复核长期借款利息，填制利息分配检查情况表（与短期借款利息分配检查情况表格式相同，此处略去）。根据长期借款的利率和期限，复核被审计单位长期借款的利息计算是否正确，并与"固定资产""在建工程""财务费用"等相关账户核对。如有未计利息和多计利息，应做出记录，必要时进行调整。

|任务案例分析|

审计人员复算了工商银行长期借款利息，见表 8-10。

表 8-10 长期借款利息复算表

长期借款利息复算表						
银行名称	开始日期	结束日期	金额	利率	占用天数	应付利息
工商银行	2017-1-1	2017-7-31	10,000,000.00	6.24%	213	369,200.00
工商银行	2017-8-1	2017-12-31	6,400,000.00	6.24%	153	169,728.00

公司在 2017 年 7 月 31 日归还了 3,600,000 元的借款，所以自 2017 年 8 月 1 日按 6,400,000.00 元借款本金计算利息。

（6）检查借款费用的会计处理是否正确。检查资产负债表日被审计单位是否按摊余成本和实际利率计算确定长期借款的利息费用，并正确计入财务费用、在建工程、制造费用、研发支出等相关账户，是否按合同利率计算应付未付利息计入应付利息科目，是否按其差额计入长期借款—— 利息调整。同时应检查专门借款和一般借款的借款费用资本化的时点和期间、资产范围、目的和用途等是否符合资本化条件。

（7）检查被审计单位抵押长期借款的抵押资产的所有权是否属于被审计单位，其价值和实际状况是否与担保契约中的规定相一致。

（8）检查被审计单位与贷款人进行的债务重组。检查债务重组协议，确定其真实性、合法性，并检查债务重组的会计处理是否正确。

（9）检查长期借款是否已按照企业会计准则的规定在财务报表中做出恰当的列报：

1）被审计单位是否按信用借款、抵押借款、质押借款、保证借款分别披露。

2）对于期末逾期借款，是否按贷款单位、借款金额、逾期时间、年利率、逾期未偿还原因和预期还款期等进行披露。

3）被审计单位是否在附注中披露与借款费用有关的下列信息：

①当期资本化的借款费用金额。

②当期用于计算确定借款费用资本化金额的资本化率。

4）一年内到期的长期借款是否列为一年内到期的非流动负债。

5）被审计单位在资产负债表日或之前违反了长期借款协议，导致贷款人可随时要求清偿的负债，应当归类为流动负债。

填列完整长期借款审定表，见表8-11。

表 8-11 长期借款审定表

中睿琪会计师事务所

客户名称 CLIENT	华腾有限责任公司		姓名 NAME	时间 DATE		
工作内容 DETAILS	长期借款 审定表	执行人及执行时间 PREPARED BY	黄卉	2018-1-15	索引号 INDEX NO.	FK1
会计期间或截止日 YEAR END	2017-12-31	复核人及复核时间 REVIEWED BY	李明	2018-1-16	页码 PAGE NO.	
项目名称	期末未审数	账项调整		重分类调整		期末审定数	上期末 审定数	索引号
		借方	贷方	借方	贷方			
工商银行借款	6,400,000.00					6,400,000.00		
小计	6,400,000.00					6,400,000.00		

审计结论:

经审计,被审计单位的长期借款余额可以确认。

任务三 应付债券实质性程序

任务案例

华腾公司没有应付债券项目。一般而言,应付债券项目的审计目标为:

(1)应付债券金额的准确性。

(2)应付债券确实是华腾公司的义务,需要在未来偿还。

(3)所有应记录的应付债券都已包含在之内。

(4)应付债券已在资产负债表上恰当披露。

任务处理

(1)获取或编制应付债券明细表,复核加计是否正确,并与报表数、总账数和明细账合计数核对是否相符;检查非记账本位币应付债券的折算汇率及折算是否正确,折算方法是否前后期一致。填制应付债券审定表的期末未审数。

(2)检查应付债券的有关原始凭证,填制应付债券检查情况表。

1)检查企业现有的债券副本,确定其发行是否合法,各项内容是否同相关的会计记录一致。

2)检查企业发行债券所收入的现金、汇款通知单、送款登记簿及相关的银行对账单。

(3)对应付债券向证券承销商或包销商函证。

(4)检查债券利息费用的会计处理是否正确,资本化的处理是否符合规定,填制债券利息分配检查情况表、应付债券利息调整检查情况表和应付债券应计利息检查情况表。

○ 应付债券工作底稿与长期借款类似,略去。

1）对于分期付息、一次还本的债券，检查资产负债表日是否按摊余成本和实际利率计算确定债券利息费用，并正确计入在建工程、制造费用、财务费用、研发费用等科目；是否按票面利率计算确定应付未付利息，计入应付利息科目；是否按其差额调整应付债券——利息调整。

2）对于一次还本付息的债券，检查资产负债表日是否按摊余成本和实际利率计算确定债券利息费用，并正确计入在建工程、制造费用、财务费用、研发费用等科目；是否按票面利率计算确定应付未付利息，计入应付债券——应计利息；是否按其差额调整应付债券——利息调整。

（5）检查到期债券的偿还。检查偿还债券的支票存根等相关会计记录，检查其会计处理是否正确，检查已偿还债券数额同应付债券借方发生额是否相符。

（6）检查可转换公司债券是否将负债和权益成分分拆，可转换公司债券持有人行使转换权利，将其持有的债券转为股票时其会计处理是否正确。

（7）如发行债券时已做抵押或担保，应检查相关契约的履行情况。

（8）检查应付债券是否已按照企业会计准则的规定在财务报表中做出恰当列报：

1）一年内到期的应付债券是否列为一年内到期的非流动负债。

2）期末到期未偿付的债券金额及逾期原因是否充分披露。

任务四 实收资本（股本）实质性程序

（任务案例）

华腾公司实收资本项目的金额为 20,000,000.00 元，该项目的审计目标为：

（1）资产负债表中记录的实收资本 20,000,000.00 元是存在的。

（2）所有应当记录的实收资本均已记录，增减变动符合法律、法规和合同、章程的规定。

（3）实收资本以恰当的金额包括在财务报表中。

（4）实收资本已按照企业会计准则的规定在财务报表中做出恰当列报。

（任务处理）

（1）获取或编制实收资本（股本）明细表，复核加计是否正确，并与报表数、总账数和明细账合计数核对是否相符；以非记账本位币出资的，检查其折算汇率是否符合规定，折算差额的会计处理是否正确。填制实收资本（股本）审定表的期末未审数（见表8-12）。

（2）首次接受委托的客户，取得历次验资报告，将其所载明的投资者名称、投资方式、投资金额、到账时间等内容与被审计单位历次实收资本（股本）变动的账面记录、会计凭证及附件等核对。

（3）审阅公司章程、股东（大）会、董事会会议记录中有关实收资本（股本）的规定。收集与实收资本（股本）变动有关的董事会会议纪要、股东（大）会决议、合同、协议、公司章程及营业执照，公司设立批文、验资报告等法律性文件，并更新永久性档案。

（4）检查投入资本是否真实存在，审阅和核对与投入资本有关的原始凭证、会计记录，必要时向投资者函证实缴资本额，对有关财产和实物价值进行鉴定，以确定投入资本的真实性。

1）对于发行在外的股票，应检查股票的发行活动。检查的内容包括已发行股票的登记簿、募股清单、银行对账单、会计账面记录等。必要时，可向证券交易所和金融机构函证股票发行的数量。

2）对于发行在外的股票，应检查股票发行费用的会计处理是否符合有关规定。

（5）检查出资期限和出资方式、出资额，检查投资者是否按合同、协议、章程约定的时间和方式缴付出资额，是否已经注册会计师验证。若已验资，应审阅验资报告。

（6）检查实收资本（股本）增减变动的原因，查阅其是否与董事会纪要、补充合同、协议及其他有关法律性文件的规定一致，逐笔追查至原始凭证，检查其会计处理是否正确。注意有无抽资或变相抽资的情况，如有，应取证核实，做恰当处理。对首次接受委托的客户，除取得验资报告外，还应检查并复印记账凭证及进账单。

1）对于股份有限公司，应检查股票收回的交易活动。检查的内容包括已发行股票的登记簿、收回的股票、银行对账单、会计账面记录等。

2）以发放股票股利增资的，检查股东（大）会决议，检查相关增资手续是否办理，会计处理是否正确。

3）对于以资本公积、盈余公积和未分配利润转增资本的，应取得股东（大）会等资料，并审核是否符合国家有关规定，会计处理是否正确。

4）以权益结算的股份支付行权时增资，取得相关资料，检查是否符合相关规定，会计处理是否正确。

5）以回购股票以及其他法定程序报经批准减资的，检查股东（大）会决议以及相关的法律文件，手续是否办理，会计处理是否正确。

6）中外合作经营企业在合作期间归还投资的，收集与已归还投资变动有关的公司章程、合同、董事会会议纪要、政府部门的批准文件等资料，查明其是否合规、合法，并更新永久性档案，并对已归还投资的发生额逐项审计至原始凭证，检查应用的折算汇率和会计处理是否符合相关规定。

（7）根据证券登记公司提供的股东名录，检查被审计单位及其子公司、合营企业与联营企业是否有违反规定的持股情况。

（8）检查认股权证及其有关交易，确定委托人及认股人是否遵守认股合约或认股权证中的有关规定。

（9）检查实收资本（股本）是否已按照企业会计准则的规定在财务报表中做出恰当列报。

┃ 任务案例分析 ┃

审计人员对实收资本项目实施的审计程序如下：

（1）取得并审阅华腾公司章程、股东大会及董事会等会议记录、公司营业执照、设立批文等文件。

（2）审阅注册会计师的验资报告以确定实收资本的投入、增减变动是否真实。

（3）向朝阳工商局查证华腾公司的股权结构。

（4）鹏程公司于2016年1月1日对华腾公司以货币资金的形式追加投入资本285万，其中240万计入实收资本，45万计入资本公积。鹏程公司持有华腾公司股份比例从20%

增长为 30%。审计人员追查了该笔资本投入的会计凭证资料。

经审计，审计人员得出结论：

（1）华腾公司本期实收资本未发生增减变动。

（2）没有发现华腾公司抽逃资本或变相抽逃资本的情形。

（3）2,000 万实收资本是存在的，并已恰当记录。

（4）实收资本（股本）已按照企业会计准则的规定在财务报表中做出恰当列报。

审计人员填列完整实收资本（股本）审定表，见表8-12。

表 8-12 实收资本审定表

中睿琪会计师事务所

客户名称 CLIENT	华腾有限责任公司		姓名 NAME	时间 DATE		
工作内容 DETAILS	实收资本审定表	执行人及执行时间 PREPARED BY	黄卉	2018-1-15	索引号 INDEX NO.	QA1
会计期间或截止日 YEAR END	2017-12-31	复核人及复核时间 REVIEWED BY	李明	2018-1-16	页码 PAGE NO.	
项目名称	期末未审数	账项调整		重分类调整		期末审定数	上期末 审定数	索引号
		借方	贷方	借方	贷方			
晟宇股份公司	8,000,000.00					8,000,000.00		
天华股份公司	6,000,000.00					6,000,000.00		
鹏程股份公司	6,000,000.00					6,000,000.00		
小计	20,000,000.00					20,000,000.00		

审计结论：

经审计，华腾有限责任公司实收资本的余额可以确认。

任务五　资本公积实质性程序

【任务案例】

华腾公司资本公积项目的金额为 642,802.60 元，该项目的审计目标为：

（1）资产负债表中记录的资本公积 642,802.60 元是存在的。

（2）所有应当记录的资本公积均已记录，资本公积的增减变动符合法律、法规和合同、章程的规定。

（3）资本公积以恰当的金额包括在财务报表中。

（4）资本公积已按照企业会计准则的规定在财务报表中做出恰当列报。

【任务处理】

（1）获取或编制资本公积明细表，复核加计是否正确，并与报表数、总账数和明细账合计数核对是否相符。填制资本公积审定表的期末未审数（见表8-13）。

（2）首次接受委托的单位，应对期初的资本公积进行追溯查验，检查原始发生的依据是否充分。

（3）收集与资本公积变动有关的股东（大）会决议、董事会会议纪要、资产评估报告等文件资料，更新永久性档案。

（4）根据资本公积明细账，对"资本（股本）溢价"的发生额逐项审查至原始凭证。

1）对股本溢价，应取得董事会会议纪要、股东（大）会决议、有关合同、政府批文，追查至银行收款等原始凭证，结合相关科目的审计，检查会计处理是否正确，注意发行股票溢价收入的计算是否已扣除股票发行费用。

2）对资本公积转增资本的，应取得股东（大）会决议、董事会会议纪要、有关批文等，检查资本公积转增资本是否符合有关规定，会计处理是否正确。

3）若有同一控制下企业合并，应结合长期股权投资科目，检查被审计单位（合并方）取得的被合并方所有者权益账面价值的份额与支付的合并对价账面价值的差额计算是否正确，是否依次调整本科目、盈余公积和未分配利润。

4）股份有限公司回购本公司股票进行减资的，检查其是否按注销的股票面值总额和所注销的库存股的账面余额，冲减资本公积。

5）检查与发行权益性证券直接相关的手续费、佣金等交易费用的会计处理是否正确，是否将与发行权益性证券间接相关的手续费计入本账户，若有，判断是否需要被审计单位调整。

（5）根据资本公积明细账，对"其他资本公积"的发生额逐项审查至原始凭证。

1）检查以权益法核算的被投资单位除净损益以外所有者权益的变动，被审计单位是否已按其享有的份额入账，会计处理是否正确；处置该项投资时，应注意是否已转销与其相关的资本公积。

2）以自用房地产或存货转换为采用公允价值模式计量的投资性房地产，转换日的公允价值大于原账面价值的，检查其差额是否计入资本公积。处置该项投资性房地产时，原计入资本公积的部分是否已转销。

3）将持有至到期投资重分类为可供出售金融资产，或将可供出售金融资产重分类为持有至到期投资的，是否按相关规定调整资本公积，检查可供出售金融资产的后续计量是否相应调整资本公积。

4）以权益结算的股权支付，取得相关资料，检查在权益工具授予日和行权日的会计处理是否正确。

5）对于在资产负债表日，满足运用套期会计方法条件的现金流量套期和境外经营净投资套期产生的利得和损失，是否进行了正确的会计处理。

（6）检查资本公积各项目，考虑对所得税的影响。

（7）记录资本公积中不能转增资本的项目。

（8）检查资本公积是否已按照企业会计准则的规定在财务报表中做出恰当列报。

|任务案例分析|

审计人员在对实收资本项目审计时已取得了股东大会及董事会会议记录等相关资料。同时，也审阅核对了45万元股本溢价的会计凭证资料。审计人员追查"资本公积——其他

资本公积"（金额为 192,802.60 元）的会计凭证资料得知，系华腾公司的投资公司——北京安居房地产开发公司（权益法核算股权投资）可供出售金融资产公允价值变动（按所持股权份额的 35% 计算）所致，北京安居房地产开发公司已按规定进行会计处理。

审计人员填列完整资本公积审定表，见表8-13。

表8-13 资本公积审定表

中睿琪会计师事务所

客户名称 CLIENT	华腾有限责任公司		姓名 NAME	时间 DATE		
工作内容 DETAILS	资本公积审定表	执行人及执行时间 PREPARED BY	黄卉	2018-1-15	索引号 INDEX NO.	QB1
会计期间或截止日 YEAR END	2017-12-31	复核人及复核时间 REVIEWED BY	李明	2018-1-16	页码 PAGE NO.	

项目名称	期末未审数	账项调整		重分类调整		期末审定数	上期末审定数	索引号
		借方	贷方	借方	贷方			
一、资本（股本）溢价								
鹏程公司股本投入溢价	450,000.00					450,000.00		
二、其他资本公积								
安居房地产净资产变动	192,802.60					192,802.60		
小计	642,802.60					642,802.60		

审计结论：

经审计，可以认可华腾有限责任公司资本公积的余额。

任务六 交易性金融资产实质性程序

任务案例

华腾公司没有交易性金融资产项目。但一般而言，交易性金融资产项目的审计目标为：

（1）交易性金融资产是真实存在的。

（2）交易性金融资产确实归华腾公司所有。

（3）所有应记录的交易性金融资产都已包含在内。

（4）交易性金融资产已在资产负债表上恰当披露。

任务处理

（1）获取或编制交易性金融资产明细表，并填制交易性金融资产审定表的期末未审数。

1）复核加计是否正确，并与报表数、总账数和明细账合计数核对是否相符。

2）检查非记账本位币交易性金融资产的折算汇率及折算是否正确。

3）与被审计单位讨论以确定划分为交易性金融资产是否符合企业会计准则的规定。

（2）就被审计单位管理层将投资划分为交易性金融资产的意图获取审计证据，并考虑管理层实施该意图的能力。应向管理层询问，并通过下列方式对管理层的答复予以印证：

1）考虑管理层以前所述的对于划分为交易性金融资产的意图的实际实施情况。

2）复核包括预算、会议纪要等在内的书面计划和其他文件记录。

3）考虑管理层选择划分为交易性金融资产的理由。

4）考虑管理层在既定经济环境下实施特定措施的能力。

（3）确定交易性金融资产余额正确及存在。

1）获取股票、债券、基金等账户对账单，与明细账余额核对，做出记录或进行适当调整。

2）被审计单位人员盘点交易性金融资产，编制交易性金融资产盘点表，审计人员实施监盘并检查交易性金融资产名称、数量、票面价值、票面利率等内容，同时与相关账户余额进行核对；如有差异，查明原因，做出记录或进行适当调整。

3）如交易性金融资产在审计工作日已售出或兑换，则追查至相关原始凭证，以确认其在资产负债表日存在。

4）在外保管的交易性金融资产等应查阅有关保管的文件，必要时可向保管人函证，复核并记录函证结果。了解在外保管的交易性金融资产实质上是否为委托理财，如是，则应详细记录，分析资金的安全性和可收回性，提请被审计单位重新分类，并充分披露。

（4）确定交易性金融资产的会计记录是否完整，并确定所购入交易性金融资产归被审计单位所拥有。

1）取得有关账户流水单，对照检查账面记录是否完整。检查购入交易性金融资产是否为被审计单位拥有。

2）向相关机构发函，并确定是否存在变现限制，同时记录函证过程。填制交易性金融资产函证情况汇总表，见表8-14。

表8-14 交易性金融资产函证情况汇总表

中睿琪会计师事务所

客户名称 CLIENT												姓名 Name	时间 Date		
工作内容 DETAILS	交易性金融资产函证情况汇总表										执行人及执行时间 PREPARED BY			索引号 INDEX NO.	ZB3
会计期间或截止日 YEAR END											复核人及复核时间 REVIEWED BY			页码 PAGE NO.	
项目名称	账面结存证券投资			证券交易账户流水单			函证情况						差异		
	数量	面值 (单价)	总计	数量	面值 (单价)	总计	函证日期	函证编号	回函日期	回函数量	回函金额	数量	金额	原因

审计结论：

（5）确定交易性金融资产的计价是否正确，填制交易性金融资产公允价值复核表，见表8-15。

1）复核交易性金融资产计价方法，检查其是否按公允价值计量，前后期是否一致；

2）复核公允价值取得依据是否充分。公允价值与账面价值的差额是否计入公允价值变动损益科目。

表 8-15　交易性金融资产公允价值复核表

中睿琪会计师事务所

客户名称 CLIENT					姓名 NAME	时间 DATE		
工作内容 DETAILS	交易性金融资产公允价值复核表		执行人及执行时间 PREPARED BY				索引号 INDEX NO.	ZB4
会计期间或截止日 YEAR END			复核人及复核时间 REVIEWED BY				页码 PAGE NO.	
项目名称	账面数			复核				备注
	期末数量 ①	期末余额 ②	市价 ③	市价来源	证券市值 ④=①×③	差异 ⑤=②-④	差异原因	与上期计价方法是否一致	

审计结论：

（6）抽取交易性金融资产增减变动的相关凭证，检查其原始凭证是否完整合法，会计处理是否正确。

1）抽取交易性金融资产增加的记账凭证，注意其原始凭证是否完整合法，成本、交易费用和相关利息或股利的会计处理是否符合规定。

2）抽取交易性金融资产减少的记账凭证，检查其原始凭证是否完整合法，会计处理是否正确；注意出售交易性金融资产时其成本结转是否正确。

（7）检查有无变现存在重大限制的交易性金融资产，如有，则查明情况，并做适当调整。

（8）检查交易性金融资产是否已按照企业会计准则的规定在财务报表中做出恰当列报。

任务七　长期股权投资实质性程序

【任务案例】

华腾公司资产负债表上长期股权投资项目的余额为 25,069,512.27 元。长期股权投资项目的审计目标为：

（1）长期股权投资的金额确实为 25,069,512.27 元。

（2）长期股权投资确实归华腾公司所有。

（3）所有应记录的长期股权投资都已包含在 25,069,512.27 元之内。

（4）长期股权投资已在资产负债表上恰当披露。

任务处理

（1）获取或编制长期股权投资明细表，复核加计是否正确，并与总账数和明细账合计数核对是否相符；结合长期股权投资减值准备科目与报表数核对是否相符。填制长期股权投资审定表的期末未审数（见表8-18）。

┤任务案例分析├

华腾公司资产负债表上长期股权投资项目明细表见表8-16。

表 8-16　长期股权投资明细表

			长期股权投资明细表			
被投资单位	期初投资比例	期末投资比例	期初数	本期借方	本期贷方	期末数
东兴服装公司	10%	10%	1,987,262.65			1,987,262.60
上海纬欣	10%	10%	302,645.40			302,645.40
迅通公司	63%	0%	1,305,034.80		1,305,034.85	0.00
京海投资	4%	4%	829,140.15			829,140.15
新华纺织公司	0%	1%	100,000.00			100,000.00
北京安居房地产开发公司	35%	35%	20,000,000.00			20,000,000.00
丽晶股份有限公司	25%	25%	290,058.71			290,058.71
舒宜纺织股份有限公司	0%	7%	0.00	1,560,405.41		1,560,405.41
合计			24,814,141.71			25,069,512.27

（2）确定长期股权投资是否存在，并归被审计单位所有；根据管理层的意图和能力，分类是否正确；针对各分类其计价方法、期末余额是否正确。

1）根据有关合同和文件，确认长期股权投资的股权比例和时间，检查长期股权投资核算方法是否正确；取得被投资单位的章程、营业执照、组织机构代码证等资料。

2）分析被审计单位管理层的意图和能力，检查有关原始凭证，验证长期股权投资分类的正确性（分为对子公司、联营企业、合营企业和其他企业的投资四类），是否不包括应由金融工具确认和计量准则核算的长期股权投资。

3）对于应采用权益法核算的长期股权投资，获取被投资单位已经注册会计师审计的年度财务报表，如果未经注册会计师审计，则应考虑对被投资单位的财务报表实施适当的审计或审阅程序。

复核投资损益时，根据重要性原则，应以取得投资时被投资单位各项可辨认资产的公允价值为基础，对被投资单位的净损益进行调整后加以确认。被投资单位采用的会计政策及会计期间与被审计单位不一致的，应当按照被审计单位的会计政策及会计期间对被投资单位的财务报表进行调整，据以确认投资损益，并做出详细记录。

将重新计算的投资损益与被审计单位计算的投资损益相核对，如有重大差异，查明原因，并做适当调整。

关注被审计单位在其被投资单位发生净亏损或以后期间实现盈利时的会计处理是否正确。

检查除净损益以外被投资单位所有者权益的其他变动，是否调整计入所有者权益。

4）对于采用成本法核算的长期股权投资，检查股利分配的原始凭证及分配决议等资料，确定会计处理是否正确；对被审计单位实施控制而采用成本法核算的长期股权投资，比照权益法编制变动明细表，以备合并报表使用。

5）对于成本法和权益法相互转换的，检查其投资成本的确定是否正确。

| 任务案例分析 |

华腾公司长期股权投资（除北京安安贸易公司采用权益法外）均采用成本法核算。

（1）丽晶股份有限公司与华腾公司合作协议中明确新技术公司不享有决策权，不参与丽晶股份有限公司日常经营管理。从2012年至今华腾公司一直按成本法核算该投资。

审计人员取得华腾公司与丽晶股份有限公司的投资协议，确认了上述事项。

（2）华腾公司投资收益明细见表8-17。

表 8-17　长期股权投资收益明细表

长期股权投资收益明细	
处置迅通公司股权	-230 334.85
京海投资股利	160 000.00
合计	-70 334.85

（1）2017年5月31日华腾公司与龙华公司签订股权转让协议，出让持有的迅通公司63.083%股权（持有的全部股权），确认投资损失230 334.85元。

（2）2017年3月北京京海投资管理有限公司对2016年利润分配事项做出如下决议：向华腾公司分配16万元的现金股利。

审计人员取得与龙华公司的股权转让协议、股权转让资产评估报告以及京海公司的利润分配决议，同时追查至会计凭证资料验证了上述事项的真实性和记载的准确性。

审计人员取得北京安安贸易公司已经注册会计师审计的年度财务报表，2017年度安安贸易公司利润为0。安安贸易公司可供出售金融资产公允价值变动，华腾公司已按所持股权份额的35%计入其他综合收益项目。

（3）确定长期股权投资增减变动的记录是否完整。

1）检查本期增加的长期股权投资，追查至原始凭证及相关的文件或决议及被投资单位验资报告或财务资料等，确认长期股权投资是否符合投资合同、协议的规定，会计处理是否正确（根据企业合并形成、企业合并以外其他方式取得的长期股权投资分别确定初始投资成本）。

2）检查本期减少的长期股权投资，追查至原始凭证，确认长期股权投资的处理有合理的理由及授权批准手续，会计处理是否正确。

（4）期末对长期股权投资进行逐项检查，以确定长期股权投资是否已经发生减值，填制长期股权投资减值准备测试表。

核对长期股权投资减值准备本期与以前年度计提方法是否一致，如有差异，查明政策调整的原因，并确定政策改变对本期损益的影响，提请被审计单位做适当披露。

对长期股权投资进行逐项检查，根据被投资单位经营政策、法律环境、市场需求、行业及盈利能力等的各种变化判断长期股权投资是否存在减值迹象。当长期股权投资可收回金额低于账面价值时，应将可收回金额低于账面价值的差额作为长期股权投资减值准备予以计提，并应与被审计单位已计提数相核对，如有差异，查明原因。

将本期减值准备计提金额与利润表资产减值损失中的相应数字进行核对。

长期股权投资减值准备按单项资产计提，计提依据是否充分，是否得到适当批准。

├ 任务案例分析 ┤

审计人员经审计，长期股权投资项目没有减值迹象，无须计提减值准备。

（5）检查通过发行权益性证券、投资者投入、企业合并等方式取得的长期股权投资的会计处理是否正确。

（6）对于长期股权投资分类发生变化的，检查其核算是否正确。

（7）结合银行借款等的检查，了解长期股权投资是否存在质押、担保情况。如有，则应详细记录，并提请被审计单位进行充分披露。

（8）与被审计单位人员讨论确定是否存在被投资单位由于所在国家和地区及其他方面的影响，其向被审计单位转移资金的能力受到限制的情况。如存在，应详细记录受限情况，并提请被审计单位充分披露。

（9）检查长期股权投资的列报是否恰当。被审计单位长期股权投资应列报的信息如下：

1）子公司、合营企业和联营企业清单，包括企业名称、注册地、业务性质、投资企业的持股比例和表决权比例。

2）合营企业和联营企业当期的主要财务信息，包括资产、负债、收入、费用等的合计金额。

3）被投资单位向投资企业转移资金的能力受到严格限制的情况。

4）当期及累计未确认的投资损失金额。

5）与对子公司、合营企业及联营企业投资相关的或有负债。

审计人员填列完整长期股权投资审定表，见表8-18。

表8-18　长期股权投资审定表

中睿琪会计师事务所

客户名称 CLIENT	华腾有限责任公司		姓名 NAME	时间 DATE		
工作内容 DETAILS	长期股权投资审定表	执行人及执行时间 PREPARED BY	黄卉	2018-1-15	索引号 INDEX NO.	ZM1
会计期间或截止日 YEAR END	2017-12-31	复核人及复核时间 REVIEWED BY	李明	2018-1-16	页码 PAGE NO.	

项目名称	期末未审数	账项调整		重分类调整		期末审定数	上期末审定数	索引号
		借方	贷方	借方	贷方			
京海投资	829,140.15					829,140.15		
新华纺织机械有限公司	100,000.00					100,000.00		
北京安居房地产开发公司	20,000,000.00					20,000,000.00		
丽晶股份有限公司	290,058.71					290,058.71		
舒宜纺织股份有限公司	1,560,405.41					1,560,405.41		
东兴服装公司	1,987,262.60					1,987,262.60		
欣纬贸易公司	302,645.40					302,645.40		
晨晨贸易公司	0.00	500,000.00				500,000.00		ZD2-2
小计	25,069,512.27					25,569,512.27		

审计结论：

经审计，长期股权投资可以确认的余额为25,569,512.27元。

任务八　财务费用实质性程序

任务案例

　　华腾公司利润表上列示的财务费用发生额为 2,096,131.56 元。审计人员的审计目标如下：
　　（1）确认所记录的财务费用都是真实发生的。
　　（2）确认所有的财务费用均已登记入账，没有遗漏。
　　（3）确认财务费用记录的金额是准确的。
　　（4）确认财务费用未提前也未推后入账。
　　（5）确认财务费用记录的账户是恰当的，没有与其他项目混淆。

任务处理

　　（1）获取或编制财务费用明细表，复核其加计数是否正确，并与报表数、总账数和明细账合计数核对是否相符。填列财务费用审定表的期末未审数（见表8-21）。
　　（2）实质性分析程序。
　　1）针对已识别需要运用分析程序的有关项目，并基于对被审计单位及其环境的了解，同时考虑有关数据间关系的影响，以建立有关数据的期望值。
　　2）确定可接受的差异额。
　　3）将实际的情况与期望值相比较，识别需要进一步调查的差异。
　　4）如果其差额超过可接受的差异额，调查并获取充分的解释和恰当的佐证审计证据（如通过检查相关的凭证）。
　　5）评估分析程序的测试结果。

┤ 任务案例分析 ├

　　华腾公司财务费用本期与上期比较见表8-19。

表 8-19　华腾公司财务费用本期与上期比较

项目	2017.1-1 ～ 2017-12-31	2016-1-1 ～ 2016-12-31	差异	百分比
财务费用——利息收入	−56,790.61	−68,493.28	11,702.68	17.09%
财务费用——利息支出	1,635,581.36	1,265,426.70	370,154.66	29.25%
财务费用——承兑汇票贴现利息	476,991.61	1,157,267.90	−680,276.29	−58.78%
财务费用——金融机构手续费	40,349.20	44,232.02	−3,882.82	−8.78%
合计	2,096,131.56	2,398,433.34	−302,301.78	−12.6%

　　分析如下：
　　（1）2017 年承兑汇票贴现利息较 2016 年减少了 680,276.29 元。受众多因素的影响，被审计单位 2017 年销售较 2016 年有很大的下滑。同时，被审计单位在交易过程中频繁使用商业汇票。因此，销售的减少直接导致了商业汇票往来的减少，这是承兑汇票贴现利息减少的重要原因。

（2）2017年公司的利息支出较2016年增加了370,154.66元。这是由于被审计单位为了维持日常公司运营，与工商银行签订的长期借款在2017年展期一年，同时公司在2017年归还了3,600,000元的借款。这是利息支出上升的重要原因。

（3）2017年公司利息支出中682,844.96元系公司向总部借款10,000,000.00元所致。

（3）检查财务费用明细项目的设置是否符合规定的核算内容与范围，是否划清财务费用与其他费用的界限。

（4）检查利息支出明细账。

1）审查各项借款期末应计利息有无预计入账。

2）审查现金折扣的会计处理是否正确。

3）结合长短期借款、应付债券等的审计，检查财务费用中是否包括为购建或生产满足资本化条件的资产发生的应予资本化的借款费用。

4）检查融资租入的固定资产、购入有关资产超过正常信用条件延期支付价款、实质上具有融资性质的，采用实际利率法分期摊销未确认融资费用时计入财务费用数是否正确。

5）检查应收票据贴现息的计算与会计处理是否正确。

6）检查存在资产弃置费用义务的固定资产或油气资产，在其使用寿命内，是否按期计算确定应负担的利息费用。

7）评估分析程序的测试结果。

（5）检查利息收入明细账。

1）确认利息收入的真实性及正确性。

2）检查从其他企业或非银行金融机构取得的利息收入有否按规定计缴营业税。

3）检查采用递延方式分期收款、实质上具有融资性质的销售商品或提供劳务，采用实际利率法按期计算确定的利息收入是否正确。

（6）检查汇兑损益明细账，检查汇兑损益计算方法是否正确，核对所用汇率是否正确，前后期是否一致。

（7）检查"财务费用——其他"明细账，注意检查大额金融机构手续费的真实性与正确性。

（8）抽取资产负债表日前后若干天的凭证，实施截止测试，若存在异常迹象，应考虑是否有必要追加审计程序，对于重大跨期项目应做必要调整。

（9）检查财务费用是否已按照企业会计准则的规定在财务报表中做出恰当的列报。

────┤ 任务案例分析 ├────

审计人员抽查的利息支出相关凭证见表8-20。

表8-20　利息支出相关凭证

序号	凭证				银行单据		
	编号	日期	金额	摘要	编号	日期	金额
1	银付92	2017-1-21	86,800.00	贴现手续费	03000032537	2017-1-18	86,800.00
2	银行60	2017-3-31	4,208.47	信用证手续费	IR07876	2017-3-4	4,208.47

审计人员抽查了利息支出的相关凭证，未发现异常。但审计人员发现华腾公司2017

年10月银付22号凭证存在问题，如图6-1和图6-2所示。（已在学习情境六　任务一　应付账款实质性程序，编制调整分录。）

审计人员填列完整财务费用审定表，见表8-21。

表8-21　财务费用审定表

中睿琪会计师事务所

客户名称 CLIENT	华腾有限责任公司			姓名 NAME		时间 DATE		
工作内容 DETAILS	财务费用 审定表	执行人及执行时间 PREPARED BY		黄卉		2018-1-15	索引号 INDEX NO.	SF1
会计期间或截止日 YEAR END	2017	复核人及复核时间 REVIEWED BY		李明		2018-1-16	页码 PAGE NO.	
项目名称	本期未审数	账项调整		本期审定数	上期审定数		索引号	
		借方	贷方					
利息支出	1,635,581.36			1,635,581.36				
减：利息收入	56,790.61			56,790.61				
利息净支出	1,578,790.75			1,578,790.75				
银行手续费	40,349.20			40,349.20				
承兑汇票贴现利息	476,991.61			476,991.61				
其他	0.00		42,500.00	−42,500.00				
小计	2,096,131.56		42,500.00	2,053,631.56				
合计								

审计结论：

经审计，华腾有限责任公司可以确认的财务费用发生额为2,053,631.56元。

【知识归纳】

筹资与投资循环的实质性程序主要包括：短期借款实质性程序、长期借款实质性程序、应付债券实质性程序、实收资本（股本）实质性程序、资本公积实质性程序、交易性金融资产实质性程序、长期股权投资实质性程序、财务费用实质性程序以及其他项目的实质性程序。

【参考资源】

《审计（2017年度注册会计师全国统一考试辅导教材）》．中国注册会计师协会编．经济科学出版社

学习情境九
Learning Situation Nine

货币资金审计

学习目标

- 能根据企业实际情况确定货币资金的审计目标。
- 能完成货币资金的实质性程序。

任务一 现金实质性程序

任务案例

华腾公司现金项目的余额为 6,453.61 元。现金项目的审计目标为：

（1）通过实地检查现金，确定账上记录的 6,453.61 元的现金确实存在。

（2）确认现金确实属于华腾公司所有。

（3）通过检查华腾公司有无未入账的现金，确认所有的现金都已登记入账。

（4）确认现金记录金额是否准确。

（5）确认货币资金（现金、银行存款和其他货币资金的合计）在资产负债表上的披露是否恰当。

任务处理

（1）核对库存现金日记账与总账。核对库存现金日记账与总账的金额是否相符，检查非记账本位币库存现金的折算汇率及折算金额是否正确。填列货币资金审定表现金中期末未审数（见表9-5）。

（2）监盘库存现金。监盘库存现金是证实资产负债表中所列现金是否存在的一项重要程序，盘点参与人员通常包括被审计单位出纳、会计主管人员和审计人员。由于现金易转移，所以一般采取突击审查的方式，通常选在现金收付业务不多的时间，如上午上班前或下午下班后。盘点的主要步骤如下：

1）由出纳员将现金集中起来存入保险柜。必要时可加以封存，然后由出纳员把已办妥现金收付手续的收付款凭证登入现金日记账，并结出余额。

2）盘点保险柜的现金实存数，同时编制库存现金监盘表，见表9-1。若有充抵库存现金的借条、未提现支票、未做报销的原始凭证，需在监盘表中注明，如有必要应做调整（特别关注数家公司混用现金保险箱的情况）。

表 9-1 库存现金监盘表

中睿琪会计师事务所

客户名称 CLIENT	华腾有限责任公司		姓名 NAME	时间 DATE		
工作内容 DETAILS	库存现金监盘表	执行人及执行时间 PREPARED BY	张琪	2018-1-16	索引号 INDEX NO.	ZA2-1
会计期间或截止日 YEAR END	2017-12-31	复核人及复核时间 REVIEWED BY	李明	2018-1-17	页码 PAGE NO.	

（续）

项目名称	项次	人民币	美元	某外币	面额	人民币	美元	某外币
上一日账面库存余额	①	4,890.20			1,000元			
盘点日未记账传票收入金额	②	130.00			500元			
盘点日未记账传票支出金额	③	676.22			100元	2,000.00		
盘点日账面应有金额	④=①+②-③	4,343.98			50元	2,000.00		
盘点实有库存现金数额	⑤	4,343.98			20元			
盘点日应有与实有差异	⑥=④-⑤				10元	160.00		
差异原因分析					5元	95.00		
					2元	44.00		
					1元	25.00		
					0.5元	15.00		
					0.2元	4.00		
					0.1元	0.98		
					合计	4,343.98		
追溯调整	报表日至审计日库存现金付出总额	6,669.79						
	报表日至审计日库存现金收入总额	4,560.16						
	报表日库存现金应有余额	6,453.61						
	报表日账面汇率							
	报表日余额折合本位币金额	6,453.61						

出纳员：　　　　　会计主管人员：　　　　　监盘人：　　　　　检查日期：

审计说明：
经盘点，库存现金账实相符。

3）将盘点金额与现金日记账余额进行核对，如有差异，应要求被审计单位查明原因并做适当调整，如无法查明原因，应要求被审计单位按管理权限批准后做出调整。

4）在非资产负债表日进行盘点时，应调整至资产负债表日的金额。

（3）抽查大额库存现金收支。检查原始凭证是否齐全、记账凭证与原始凭证是否相符、账务处理是否正确、是否记录于恰当的会计期间等项内容。

|任务案例分析|

2018年1月16日上午8时，审计人员对华腾公司的库存现金进行突击盘点，盘点情况如下：

（1）现钞：100元20张，50元40张，10元16张，5元19张，2元22张，1元25张，5角30张，2角20张，1角4张，硬币5角8分。

（2）已收款未入账的收款凭证3张，计130元。

（3）已付款尚未入账的付款凭证5张，计676.22元。

（4）盘点日库存现金账面余额为4,890.2元，2018年1月1日至1月16日收入现金4,560.16元，支出现金6,669.79元。

（4）检查现金收支的正确截止。通常，注册会计师可以对结账日前后一段时期内现金收支凭证进行审计，以确定是否存在跨期事项。编制货币资金截止测试表。

| 任务案例分析 |

　　华腾公司本期开具的现金支票号码为 020001 ～ 023180。审计人员随机抽查了 20 张支票，发现 023145 号支票未入账。经审计，该笔业务是假做支付华宇公司广告费，实则为提取现金不入账，计入公司小金库的情形。具体内容详见工作底稿（销售费用检查情况表，见表 5-16）及所附会计凭证。我们假定该笔款项已追回，并存入银行。

　　（5）检查现金是否在资产负债表上恰当披露。现金在资产负债表中"货币资金"项下反映，注册会计师应在实施上述审计程序后，确定现金账户的期末余额是否正确，据以确定货币资金是否在资产负债表上恰当披露。并填列货币资金审定表中现金一栏的项目，包括现金的调整金额和审定金额。

任务二　银行存款实质性程序

任务案例

　　华腾公司银行存款项目的余额为 3,410,369.00 元。银行存款项目的审计目标为：

　　（1）通过实地检查银行存款，确定账上记录的 3,410,369.00 元的银行存款确实存在。

　　（2）确认银行存款确实属于华腾公司所有。

　　（3）通过检查华腾公司有无未入账的银行存款，确认所有的银行存款都已登记入账。

　　（4）确认银行存款记录金额是否准确。

　　（5）确认货币资金（现金、银行存款和其他货币资金的合计）在资产负债表上的披露是否恰当。

任务处理

　　（1）获取或编制银行存款余额明细表，复核加计是否正确，并与总账数和日记账合计数核对是否相符；填列货币资金审定表中银行存款的期末未审数（见表 9-6）。

　　（2）计算银行存款累计余额应收利息收入，分析比较被审计单位银行存款应收利息收入与实际利息收入的差异是否恰当，评估利息收入的合理性，检查是否存在高息资金拆借，确认银行存款余额是否存在，利息收入是否已经完整记录。

　　（3）检查银行存单。编制银行存单检查表，见表 9-2。检查银行存单是否与账面记录金额一致，是否被质押或限制使用，是否为被审计单位所拥有。华腾公司无存单，故不用编制银行存单检查表。

表 9-2　银行存单检查表

中睿琪会计师事务所

客户名称 CLIENT				姓名 NAME	时间 DATE		
工作内容 DETAILS	银行存单检查表		执行人及执行时间 PREPARED BY			索引号 INDEX NO.	ZA2-2
会计期间或截止日 YEAR END			复核人及复核时间 REVIEWED BY			页码 PAGE NO.	
开户银行	账号	币种	户名	存入日期	到期日	期末存单余额	期末账面余额	备注

注：备注栏可填写是否被质押、用于担保或存在其他使用限制等情况说明。

审计说明：

1）对已质押的定期存款，应检查定期存单，并与相应的质押合同核对，同时关注定期存单对应的质押借款有无入账。

2）对未质押的定期存款，应检查开户证书原件。

3）对审计外勤工作结束日前已提取的定期存款，应核对相应的兑付凭证、银行对账单和定期存款复印件。

――| 任务案例分析 |――

　　华腾有限责任公司没有定期存款存单，所以不适用该程序。

（4）函证银行存款余额。通过向往来银行函证，注册会计师不仅可了解企业资产的存在，同时还可了解欠银行的债务。函证还可用于发现企业未登记的银行借款。银行存款询证函的格式见表9-3。

审计人员不应让被审计单位出纳或其他人员单独去银行函证，对于同城开户行，一般在实际工作中采取由审计人员和出纳共同去银行直接函证的方式。审计人员应该注意，应向被审计单位在本期存过款的银行发函，包括零账户和账户已结清的银行；即使注册会计师已直接从某一银行取得了银行对账单和所有已付支票，仍应向这一银行进行函证。

审计人员应确定被审计单位账面余额与银行函证结果的差异，对不符事项做出适当处理。

（5）取得并检查银行存款余额调节表。

1）取得被审计单位的银行存款余额对账单，并与银行询证函回函核对，确认是否一致，抽样核对账面记录的已付票据金额及存款金额是否与对账单记录一致。

2）获取资产负债表日的银行存款余额调节表，检查调节表中加计数是否正确，调节后银行存款日记账余额与银行对账单余额是否一致。

表9-3　银行存款询证函格式

索引号：ZA2-1

银行询证函

中国工商银行：　　　　　　　　　　　　　　　　　　　　　　　　　　编　号：

　　本公司聘请的中睿琪会计师事务所正在对本公司2017年度财务报表进行审计，按照中国注册会计师审计准则要求，应当询证本公司与贵行相关的信息。下列信息出自本公司记录，如与贵行记录相符，请在本函下端"信息证明无误"处签章证明；如有不符，请在"信息不符"处列明不符项目及具体内容；如存在与本公司有关的未列入本函的其他重要信息，也请在"信息不符"处列出其详细资料。回函请直接寄至中睿琪会计师事务所。

　　回函

1．银行存款

银行账号	币种	利率	余额	起止日期	是否被质押，用于担保或存在其他使用限制	备注
0233612341234565678	人民币		3,410,369.00	活期	否	

　　除上述列示的银行存款外，本公司并无在贵行的其他存款。

　　注："起止日期"一栏仅适用于定期存款，如为活期或保证金存款，可只填写"活期"或"保证金"字样

2．银行借款

借款人名称	币种	本息余额	借款日期	到期日期	利率	借款条件	抵（质）押品/担保人	备注
华腾有限责任公司	人民币	6,400,000	2016-6-30	2019-6-30	6.24%	信用		

　　除上述列示的银行存款外，本公司并无在贵行的其他借款。

　　注：此项仅函证截至资产负债表日本公司尚未归还的借款。

3．截至函证日之前12个月内注销的账户

账户名称	银行账号	币种	注销账户日

　　除上述列示的账户外，本公司并无截至函证日之前12个月内在贵行注销的其他账户。

4．委托存款

账户名称	银行账号	借款方	币种	利率	余额	存款起止日期	备注

　　除上述列示的委托存款外，本公司并无通过贵行办理的其他委托存款。

……

（被审计单位盖章）
年　月　日

以下仅供被询证银行使用

结论：

1．信息证明无误	2．信息不符，请列明不符项目机及具体内容（对于在本函前述第1项至第13项中漏列的其他重要信息，请列出详细资料。）
（银行盖章） 年　月　日 经办人：	（银行盖章） 年　月　日 经办人：

| 任务案例分析 |

华腾公司银行存款余额调节表见表 9-4。

表 9-4　银行存款余额

银行存款余额调节表

项目	金额	项目	金额
银行对账单余额	3,995,369.00	企业银行存款日记账余额	3,410,369.00
加：企业已收、银行尚未入账金额		加：银行已收、企业尚未入账金额	351,000.00
其中：		其中：**利达商场货款**	351,000.00
减：企业已付、银行尚未入账金额	234,000.00	减：银行已付、企业尚未入账金额	
其中：**天天绵纺有限公司货款**	234,000.00	其中：	
调整后银行对账单余额	3,761,369.00	调整后企业银行存款日记账余额	3,761,369.00

3）检查调节事项的性质和范围是否合理。

①检查是否存在跨期收支和跨行转账的调节事项。编制跨行转账业务明细表，检查跨行转账业务是否同时对应转入和转出，未在同一期间完成的转账业务是否反映在银行存款余额调节表的调整事项中。

②检查大额在途存款和未付票据。

检查在途存款的日期，查明发生在途存款的具体原因，追查期后银行对账单存款记录日期，确定被审计单位与银行记账时间差异是否合理，确定在资产负债表日是否需审计调整。

检查被审计单位的未付票据明细清单，查明被审计单位未及时入账的原因，确定账簿记录时间晚于银行对账单的日期是否合理。

检查被审计单位未付票据明细清单中有记录，但截至资产负债表日银行对账单无记录且金额较大的未付票据，获取票据领取人的书面说明。确认资产负债表日是否需要进行调整。

检查资产负债表日后银行对账单是否完整地记录了调节事项中银行未付票据金额。

4）检查是否存在未入账的利息收入和利息支出。

5）检查是否存在其他跨期收支事项。

6）当未经授权或授权不清支付货币资金的现象比较突出时，检查银行存款余额调节表中支付给异常的领款（包括没有载明收款人）、签字不全、收款地址不清、金额较大票据的调整事项，确认是否存在舞弊。

| 任务案例分析 |

华腾公司资产负债表上银行存款项目的余额为 3,410,369.00 元，2017 年 12 月份银行存款对账单及银行存款询证函均载明 2017 年 12 月 31 日银行存款余额为 3,995,369.00 元。在银行存款余额调节表中，企业已付银行尚未入账的天天绵纺有限公司的货款 234,000.00 元，截至审计日，银行已支付；但关于应收利达商场的货款 351,000.00 元截至审计日仍为未达账项。审计人员结合对应收账款的审计，确定该笔资金是由于利达商场支付货款后，企业未入账所致，应进行调整。

（6）检查银行存款账户存款人是否为被审计单位，若存款人非被审计单位，应获取该账户户主和被审计单位的书面声明，确认资产负债表日是否需要调整。

（7）关注是否存在质押、冻结等对变现有限制或存在境外的款项。是否已做必要的调整和披露。

（8）抽查大额银行存款收支的原始凭证。检查原始凭证是否齐全、记账凭证与原始凭证是否相符、账务处理是否正确、是否记录于恰当的会计期间等项内容。检查是否存在非营业目的的大额货币资金转移，并核对相关账户的进账情况；如有与被审计单位生产经营无关的收支事项，应查明原因并做相应的记录。编制银行存款检查情况表，见表9-5。

表9-5　银行存款检查情况表

中睿琪会计师事务所

客户名称 CLIENT	华腾有限责任公司			姓名 NAME	时间 DATE		
工作内容 DETAILS	银行存款检查情况表		执行人及执行时间 PREPARED BY	张琪	2018-1-15	索引号 INDEX NO.	ZA3
会计期间或截止日 YEAR END	2017-12-31		复核人及复核时间 REVIEWED BY	李明	2018-1-16	页码 PAGE NO.	

记账日期	凭证编号	业务内容	对应科目	金额	核对内容（用"√""×"表示）						备注
					1	2	3	4	5	6	
2017-4-15	银付15	咨询费用	管理费用	100,000	×	×	×	√	×		
……											

核对内容说明：1. 原始凭证是否齐全；2. 记账凭证与原始凭证是否相符；3. 账务处理是否正确；4. 是否记录于恰当的会计期间；5. ……

审计说明：
该笔款项并非是真正的咨询费用，而是假做咨询费用，将10万元款项转移至华晨商贸公司。调整分录见工作底稿SE2。

（9）检查银行存款收支的截止是否正确。选取资产负债表日前后若干张金额较大的凭证实施截止测试，关注业务内容及对应项目，如有跨期收支事项，应考虑是否应进行调整。为了确保银行存款收付的正确截止，审计人员应当在清点支票及支票存根时，确定各银行账户最后一张支票的号码，同时查实该号码之前的所有支票均已开出。在结账日未开出的支票及其后开出的支票，均不得作为结账日的存款收付入账。编制银行存款截止测试表。

（10）检查银行存款是否在资产负债表上恰当披露。注册会计师应在实施上述审计程序后，确定银行存款账户的期末余额是否正确，从而确定资产负债表上"货币资金"项目中的数字是否恰当披露。并填列货币资金审定表中银行存款一栏的项目，包括银行存款的调整金额和审定金额，见表9-6。

表 9-6　货币资金审定表

中睿琪会计师事务所

客户名称 CLIENT	华腾有限责任公司				姓名 NAME	时间 DATE		
工作内容 DETAILS	货币资金审定表		执行人及执行时间 PREPARED BY		张琪	2018-1-16	索引号 INDEX NO.	ZA1
会计期间或 截止日 YEAR END	2017-12-31		复核人及复核时间 REVIEWED BY		李明	2018-1-17	页码 PAGE NO.	
项目名称	期末未审数	账项调整		重分类调整		期末审定数	上期末审定数	索引号
		借方	贷方	借方	贷方			
现金	6,453.61					6,453.61		
银行存款	3,410,369.00	547,500.00				3,957,869.00		SD2、SF2、SE2
合计	3,416,822.61					3,964,322.61		

审计结论：

经审计，可以认可的货币资金余额为3,964,322.61元。

任务三　其他货币资金实质性程序

任务案例

华腾公司无其他货币资金项目。一般而言，其他货币资金项目的审计目标为：

（1）通过实地检查其他货币资金，确定其他货币资金确实存在。

（2）确认其他货币资金确实属于被审计单位所有。

（3）通过检查公司有无未入账的其他货币资金，确认所有的其他货币资金都已登记入账。

（4）确认其他货币资金记录金额是否准确。

（5）确认货币资金（现金、银行存款和其他货币资金）在资产负债表上的披露是否恰当。

任务处理

（1）获取或编制其他货币资金明细表，复核银行汇票存款、银行本票存款、信用卡存款、信用证保证金存款、存出投资款、外埠存款等加计是否正确，并与总账数和日记账、明细账合计数核对是否相符；填列货币资金审定表中其他货币资金的期末未审数。

（2）函证银行汇票存款、银行本票存款、信用卡存款、信用证保证金存款、存出投资款、外埠存款等期末余额，编制其他货币资金函证结果汇总表，检查银行回函。

（3）与银行对账单进行对照检查。取得被审计单位银行对账单，检查被审计单位提供的银行对账单是否存在涂改或修改的情况，确定银行对账单金额的正确性，并与银行回函结果核对是否一致，抽样核对账面记录的已付款金额及存款金额是否与对账单记录一致。

（4）检查其他货币资金存款账户存款人是否为被审计单位，若存款人非被审计单位，应获取该账户户主和被审计单位的书面声明，确认资产负债表日是否需要调整。

（5）选取资产负债表日前后若干张金额较大的凭证，对其他货币资金收支凭证实施截止测试，如有跨期收支事项，应考虑是否进行调整。编制货币资金截止测试表。

（6）抽查大额其他货币资金收付记录。检查原始凭证是否齐全、记账凭证与原始凭证是否相符、账务处理是否正确、是否记录于恰当的会计期间等项内容。

（7）检查货币资金是否已按照企业会计准则的规定在财务报表中做出恰当列报。关注是否有质押、冻结等对变现有限制或存放在境外或有潜在回收风险的款项，若有，是否在附注中单独说明。并填列货币资金审定表中其他货币资金一栏的项目，包括其他货币资金的调整金额和审定金额。

阅读材料

货币资金内部控制

一、岗位分工及授权批准

（1）单位应当建立货币资金业务的岗位责任制，明确相关部门和岗位的职责权限，确保办理货币资金业务的不相容岗位相互分离、制约和监督。

出纳人员不得兼任稽核、会计档案保管和收入、支出、费用、债权债务账目的登记工作。

单位不得由一人办理货币资金业务的全过程。

（2）单位办理货币资金业务，应当配备合格的人员，并根据单位具体情况进行岗位轮换。

办理货币资金业务的人员应当具备良好的职业道德，忠于职守，廉洁奉公，遵纪守法，客观公正，不断提高会计业务素质和职业道德水平。

（3）单位应当对货币资金业务建立严格的授权批准制度，明确审批人对货币资金业务的授权批准方式、权限、程序、责任和相关控制措施，规定经办人办理货币资金业务的职责范围和工作要求。

（4）审批人应当根据货币资金授权批准制度的规定，在授权范围内进行审批，不得超越审批权限。

经办人应当在职责范围内，按照审批人的批准意见办理货币资金业务。对于审批人超越授权范围审批的货币资金业务，经办人员有权拒绝办理，并及时向审批人的上级授权部门报告。

（5）单位应当按照规定的程序办理货币资金支付业务。

1）支付申请。单位有关部门或个人用款时，应当提前向审批人提交货币资金支付申请，注明款项的用途、金额、预算、支付方式等内容，并附有效经济合同或相关证明。

2）支付审批。审批人根据其职责、权限和相应程序对支付申请进行审批。对不符合规定的货币资金支付申请，审批人应当拒绝批准。

3）支付复核。复核人应当对批准后的货币资金支付申请进行复核，复核货币资金支付申请的批准范围、权限、程序是否正确，手续及相关单证是否齐备，金额计算是否准确。支付方式、支付单位是否妥当等。复核无误后，交由出纳人员办理支付手续。

4）办理支付。出纳人员应当根据复核无误的支付申请，按规定办理货币资金支付手续，及时登记现金和银行存款日记账。

（6）单位对于重要货币资金支付业务，应当实行集体决策和审批，并建立责任追究制度，防范贪污、侵占、挪用货币资金等行为。

（7）严禁未经授权的机构或人员办理货币资金业务或直接接触货币资金。

二、现金和银行存款的管理

（1）单位应当加强现金库存限额的管理，超过库存限额的现金应及时存入银行。

（2）单位必须根据《现金管理暂行条例》的规定，结合本单位的实际情况，确定本单位现金的开支范围。不属于现金开支范围的业务应当通过银行办理转账结算。

（3）单位现金收入应当及时存入银行，不得用于直接支付单位自身的支出。因特殊情况需坐支现金的，应事先报经开户银行审查批准。

单位借出款项必须执行严格的授权批准程序，严禁擅自挪用、借出货币资金。

（4）单位取得的货币资金收入必须及时入账，不得私设"小金库"，不得账外设账，严禁收款不入账。

（5）单位应当严格按照《支付结算办法》等国家有关规定，加强银行账户的管理，严格按照规定开立账户，办理存款、取款和结算。

单位应当定期检查、清理银行账户的开立及使用情况，发现问题，及时处理。

单位应当加强对银行结算凭证的填制、传递及保管等环节的管理与控制。

（6）单位应当严格遵守银行结算纪律，不准签发没有资金保证的票据或远期支票，套取银行信用；不准签发、取得和转让没有真实交易和债权债务的票据，套取银行和他人资金；不准无理拒绝付款，任意占用他人资金；不准违反规定开立和使用银行账户。

（7）单位应当指定专人定期核对银行账户，每月至少核对一次，编制银行存款余额调节表，使银行存款账面余额与银行对账单调节相符。如调节不符，应查明原因，及时处理。

（8）单位应当定期和不定期地进行现金盘点，确保现金账面余额与实际库存相符。发现不符，及时查明原因，做出处理。

三、票据及有关印章的管理

（1）单位应当加强与货币资金相关的票据的管理，明确各种票据的购买、保管、领用、背书转让、注销等环节的职责权限和程序，并专设登记簿进行记录，防止空白票据的遗失和被盗用。

（2）单位应当加强银行预留印鉴的管理。财务专用章应由专人保管，个人名章必须由本人或其授权人员保管。严禁一人保管支付款项所需的全部印章。

按规定需要有关负责人签字或盖章的经济业务，必须严格履行签字或盖章手续。

【知识归纳】

货币资金的实质性程序主要包括：现金实质性程序、银行存款实质性程序、其他货币资金实质性程序。其中，现金的盘点程序和银行存款的函证程序是货币资金审计中必做的审计程序。

【参考资源】

《审计（2017年度注册会计师全国统一考试辅导教材）》．中国注册会计师协会编．经济科学出版社

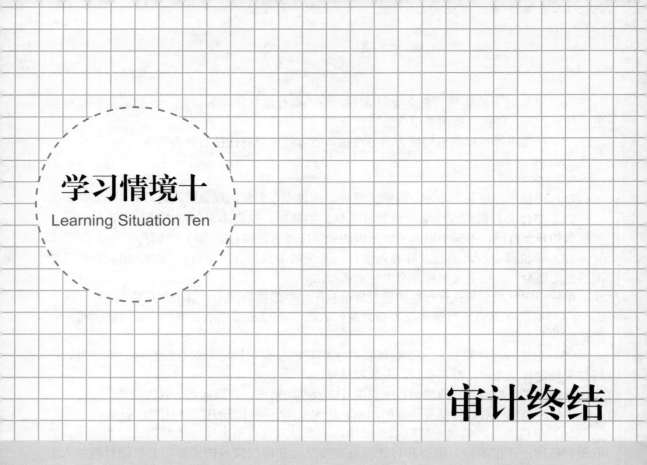

学习情境十

Learning Situation Ten

审计终结

学习目标

- 熟悉审计工作底稿的整理。
- 掌握审计报告的类型及标准审计报告基本格式。
- 了解审计档案整理的有关内容。

任务一　审计工作底稿的整理和复核

【任务案例】

中睿琪会计师事务所对华腾公司进行审计，于2018年2月5日完成外勤审计工作，进入审计终结阶段。审计人员完成审计工作底稿的整理、复核并出具审核意见。

【任务处理】

一、审计工作底稿的整理

注册会计师在审计实施阶段的具体工作结束以后，首先应该对全部审计工作底稿进行整理、复核。审计工作底稿是指注册会计师对制订的审计计划、实施的审计程序、获取的相关审计证据，以及得出的审计结论做出的记录。它是审计证据的载体，是注册会计师在审计过程中形成的审计工作记录和获取的资料。它形成于审计过程，也反映整个审计过程，是出具审计报告的重要证据来源。

审计工作底稿的整理主要包括对以下方面资料的整理：

（1）被审计单位在审计过程中提供的资料及证明文件。例如，被审计单位提供的管理当局声明书及有关文件的复印件等。

（2）会计师事务所从企业获取的相关资料及证明文件。例如，注册会计师在审计过程中从企业获得的核对表、分析表及询证函回函等。

审计工作底稿的整理应当遵循一定的标准，如按照底稿所标注的索引号及页次对已有底稿进行排序，从而便于查找底稿进行复核等工作。

在整理阶段，要按照审计工作底稿索引（目录）把审计工作中涉及的相关工作底稿按索引号顺序排列，见表10-1。

表 10-1　审计工作底稿索引

工作底稿名称	索引号	有/无（√/×）
第一部分　初步业务活动工作底稿	A	
一、初步业务活动程序表	AA	
……	……	
第二部分　风险评估工作底稿	B	
一、了解被审计单位及其环境（不包括内部控制）	BA	
……	……	
二、实质性程序工作底稿		
（一）资产类		
1. 货币资金	ZA	
……	……	
第四部分　其他项目工作底稿	D	
一、舞弊风险评估与应对	DA	
……	……	
第五部分　业务完成阶段工作底稿	E	
一、业务完成阶段审计工作	EA	
二、账项调整分录汇总表	EB	
……	……	

同时，为了使在审计实施阶段收集到的处于分散状态的个别证据有机地结合起来，形成具有充分说服力的证据，必须在对所有工作底稿进行整理的基础上，对已收集到的证据去粗取精、去伪存真；否则，就会影响审计工作的质量，甚至会得出不恰当的审计意见等。

二、复核工作底稿并出具审计意见

审计工作底稿是审计人员在审计工作中汇总、综合分析、整理与审计有关的资料所形成的书面文件。由于审计工作底稿是各审计人员独立编写的，因而难免存在主观性和片面性，也不可能是分类归纳有序的记录，为此，必须将审计人员编写的审计工作底稿进行复核。只有这样，才能保证审计工作的质量。

一般情况下，会计师事务所对审计工作底稿复核通常包括项目小组复核（一级复核与项目合伙人复核）、质量控制复核。具体复核内容及审核意见见表10-2，这三个阶段复核内容侧重点不同，需要复核人分别把握，审核后需要签字并写出审核意见及审核时间。

表 10-2　复核及批准汇总表

复核及批准汇总表				
被审计单位名称：华腾有限责任公司	财务报表期间：2017年度		工作底稿索引号：	
一级复核内容	是	否	不适用	项目合伙人审核意见
1. 审计范围是否未受到限制				
2. 审计程序完成是否适当				
3. 审计证据是否充分、适当				
4. 审计工作底稿的编制是否完整				
5. 审计工作底稿的审计记录是否清晰				
6. 审计工作底稿的归类整理是否恰当				
7. 审计结论是否明确				
一级复核签字：				
		年　月　日		
项目合伙人复核内容	是	否	不适用	
1. 重要审计程序的制定、执行是否已经实现审计目标				
2. 审计项目的审计证据是否充分、适当				
3. 各审计项目之间的衔接是否合理，是否不存在重要漏审项目				质量控制复核人审核意见
4. 所有调整事项或未调整事项是否恰当				
5. 是否不存在未决的会计和审计事项				
6. 审计意见的确定是否恰当，相关的披露是否一致				
7. 审计总结是否全面，是否正确概括了审计全过程				
项目合伙人签字：				
		年　月　日		
质量控制复核内容	是	否	不适用	
1. 审计约定事项是否已经完成				
2. 重点会计问题、重要审计领域的测试是否充分				
3. 重要审计证据是否充分、适当				
4. 重要调整事项是否恰当				
5. 审计意见确定是否恰当，审计报告表述是否规范				
质量控制复核人签字：				
		年　月　日		

│任务案例分析│

中睿琪会计师事务所对华腾公司审计项目中，李明是项目经理，王然是审计部门经理，李丽华是事务所的主任会计师，他们分别完成审计工作底稿的一级复核、项目合伙人复核和质量复核。

（一）审计工作底稿的一级复核

审计工作底稿的一级复核非常重要，因为一级复核直接关系到现场审计工作结果的成败，通常是由项目的现场负责人来完成的。在这一环节，主要是审查审计小组中各审计人员现场所完成的工作底稿的规范性、完整性，所取得相关审计证据的充分性及有关审计程序执行的是否到位。通常情况下在现场审计工作即将结束但还未撤离企业现场的这段时间内迅速完成一级复核。如果发现审计过程中有遗漏的地方，就应该在现场及时与企业管理人员或财务人员进行沟通并解决发现的问题。项目经理常发现的问题有：审计程序完成不适当、审计证据不充分和审计工作底稿编制不完整等情况。

1. 审计程序不恰当

例如，对于固定资产项目，在复核的时候，首先要关注的就是固定资产折旧计提是否正确，那么只有通过对其固定资产折旧进行测试后才能判断，而不能为了简便直接采用被审计单位或客户所提供的折旧数据。例如，表10-3中办公楼的折旧计提就是错误的，企业在办公楼入账当月就开始计提折旧了，造成2017年费用增加，利润减少。为避免企业这类错误的发生，审计人员必须执行折旧测试程序。

表 10-3　折旧计算检查表

中睿琪会计师事务所

客户名称 CLIENT	××公司				姓名 NAME	时间 DATE		
工作内容 DETAILS	折旧计算检查表		执行人及执行时间 PREPARED BY		王霞	2018-1-10	索引号 INDEX NO.	
会计期间或截止日 YEAR END	2017-12-31		复核人及复核时间 REVIEWED BY		李辉	2018-1-11	页码 PAGE NO.	

固定资产名称	取得时间	使用年限	固定资产原值	残值率	累计折旧期初余额	减值准备期初余额	本期应提折旧	本期已提折旧	差异
奥迪汽车		10	684,529.01					59,611.07	
办公楼		20	11,926,376.17					94,417.14	
电脑		5	219,055.93					166,482.51	

> 折旧数额直接取自公司账簿，项目经理复核后发现多计提一个月折旧。助理人员未执行折旧测试程序。

2. 审计证据不充分

例如，对于应收账款项目，在复核的时候，对于应收账款函证应该引起特别的关注，如表10-4中，F公司期末应收账款在总金额中所占比例最大，而且应收账款账龄较长，但是在"应收账款询证结果汇总表"（见表10-5）中却恰恰未对F公司函证。虽然，对A、B、C、D四家企业进行函证并收到了回函，但是函证比例不足，造成应收账款的审计证据不足，审计风险增大。因此，在对往来账款函证过程中，应该选取期末金额较大、账龄较长的款项进行函证，并保证函证比例。

表 10-4　应收账款审定表

中睿琪会计师事务所

客户名称 CLIENT	××有限责任公司		姓名 NAME	时间 DATE		
工作内容 DETAILS	应收账款审定表	执行人及执行时间 PREPARED BY	王洁	2018-1-10	索引号 INDEX NO.	ZD1
会计期间或截止日 YEAR END	2017-12-31	复核人及复核时间 REVIEWED BY	李辉	2018-1-11	页码 PAGE NO.	

项目名称	期末未审数	账项调整		重分类调整		期末审定数	上期末审定数	索引号
		借方	贷方	借方	贷方			
账面余额合计								
1年以内								
A公司	60,000.00					60,000.00		
B公司	130,000.00					130,000.00		
C公司	70,000.00					70,000.00		
D公司	240,000.00					240,000.00		
E公司	180,000.00					180,000.00		
1~2年								
F公司	320,000.00					320,000.00		

表 10-5　应收账款询证结果汇总表

中睿琪会计师事务所

客户名称 CLIENT	××有限责任公司		姓名 NAME	时间 DATE		
工作内容 DETAILS	应收账款询证结果汇总表	执行人及执行时间 PREPARED BY	王洁	2018-1-10	索引号 INDEX NO.	ZD2-2
会计期间或截止日 YEAR END	2017-12-31	复核人及复核时间 REVIEWED BY	李辉	2018-1-11	页码 PAGE NO.	

应收账款函证情况列表

项目单位名称	询证函编号	询证方式	函证日期		回函日期	账面金额	回函金额	经调节后是否存在差异	调节表索引号
			第一次	第二次					
A公司	1		2018-1-10		2018-1-14	60,000.00	60,000.00	否	
B公司	2		2018-1-10		2018-1-14	130,000.00	130,000.00	否	
C公司	3		2018-1-10		2018-1-16	70,000.00	70,000.00	否	
D公司	4		2018-1-10		2018-1-22	240,000.00	240,000.00	否	

3. 审计工作底稿的编制不完整

在对审计工作底稿复核的时候，首先应该关注的就是工作底稿的编制是否完整。未填写索引号就无法对底稿进行后期整理；若审计结论未填写或填写不明确就无法对审计项目发表审计意见。因此，在编制审计工作底稿的时候应该把所有的要素填写完整并做出正确的结论。例如，承上述案例，项目经理在审计中发现折旧计算检查表未编索引号，也未写明审计结论。

在此基础上，项目经理填写复核及批准汇总表中项目经理审核内容。

（二）审计工作底稿的项目合伙人复核

项目合伙人在审计过程的适当阶段及时实施复核，有助于重大事项在审计报告日之前得到及时满意的解决。在审计工作底稿进行复核的过程中，要格外关注那些未调整的事项，因为这些事项往往比较重要，影响比较大。

例如，部门经理对××公司审计工作底稿进行复核时，发现工作底稿见表10-6。

表10-6　在建工程审定表

中睿琪会计师事务所

客户名称 CLIENT	××有限责任公司			姓名 NAME	时间 DATE		
工作内容 DETAILS	在建工程审定表	执行人及执行时间 PREPARED BY		张雨	2018-1-15	索引号 INDEX NO.	ZD1
会计期间或截止日 YEAR END	2017-12-31	复核人及复核时间 REVIEWED BY		李辉	2018-1-16	页码 PAGE NO.	
项目名称	期末未审数	账项调整		重分类调整		期末审定数	上期末审定数	索引号
		借方	贷方	借方	贷方			
在建工程账面余额合计								
地库	100,000.00					100,000.00		

审计结论：

该项在建工程已于2017年12月达到预定可使用状态，但由于房产证尚未办理下来，企业未将该工程转入固定资产。经审核无须调整。

会计师事务所部门经理需要做出职业判断，由于该在建工程已经符合转入固定资产条件，但审计人员未做审计调整。所以需对在建工程进行调整，做出正确的调整分录如下：

借：固定资产　　　　　　　　　　　　　　　　　　　　100,000

贷：在建工程　　　　　　　　　　　　　　　　　　　　10,000

（三）项目质量控制复核

会计师事务所在确定控制复核人员的资格要求时，需要充分考虑质量控制复核工作的重要性和复杂性，安排经验丰富的注册会计师担任项目质量控制复核人员，如有一定执业经验的合伙人，或专门负责质量控制复核的注册会计师等。

────┤ 任务案例分析 ├────

李明、王然和李丽华对华腾公司审计工作底稿分别进行复核后，未发现不恰当情形，完成表10-7复核及批准汇总表的编制。

表 10-7 复核及批准汇总表

复核及批准汇总表

被审计单位名称: 华腾有限责任公司   财务报表期间: 2017 年度   工作底稿索引号: A12-1

一级复核内容	是	否	不适用	项目合伙人审核意见
1. 审计范围是否未受到限制	✓			
2. 审计程序完成是否适当	✓			
3. 审计证据是否充分、适当	✓			
4. 审计工作底稿的编制是否完整	✓			
5. 审计工作底稿的审计记录是否清晰	✓			
6. 审计工作底稿的归类整理是否恰当	✓			
7. 审计结论是否明确	✓			

一级复核签字: 李明

年　月　日

项目合伙人复核内容	是	否	不适用	
1. 重要审计程序的制定、执行是否已经实现审计目标	✓			
2. 审计项目的审计证据是否充分、适当	✓			
3. 各审计项目之间的衔接是否合理,是否不存在重要漏审项目	✓			质量控制复核人审核意见
4. 所有调整事项或未调整事项是否恰当	✓			
5. 是否不存在未决的会计和审计事项	✓			
6. 审计意见的确定是否恰当,相关的披露是否一致	✓			
7. 审计总结是否全面,是否正确概括了审计全过程	✓			

项目合伙人签字: 王然

年　月　日

质量控制复核内容	是	否	不适用
1. 审计约定事项是否已经完成	✓		
2. 重点会计问题、重要审计领域的测试是否充分	✓		
3. 重要审计证据是否充分、适当	✓		
4. 重要调整事项是否恰当	✓		
5. 审计意见确定是否恰当,审计报告表述是否规范	✓		

质量控制复核人签字: 李丽华

年　月　日

任务二 编制试算平衡表和调整分录汇总表

【任务案例】

在对华腾公司的年报审计中,完成工作底稿的三级复核后,审计人员编制试算平衡表和调整分录汇总表。

【任务处理】

对于在审计过程中有调整的项目，在工作底稿复核完成后要编制试算平衡表（见表10-8），目的是用以调整审定数。

表 10-8 资产负债表试算平衡表

中睿琪会计师事务所

客户名称 CLIENT	华腾有限责任公司		姓名 NAME	时间 DATE		
工作内容 DETAILS	资产负债表试算平衡表	执行人及执行时间 PREPARED BY	王永	2018-2-7	索引号 INDEX NO	EE-1
会计期间或截止日 YEAR END	2017-12-31	复核人及复核时间 REVIEWED BY	李明	2018-2-8	页码 PAGE NO.	

资产	期末未审数	账项调整		重分类调整		期末审定数
		借方	贷方	借方	贷方	
流动资产：						
货币资金	3,416,822.61	547,500.00				3,964,322.61
交易性金融资产						
应收票据	13,498,934.60					13,498,934.60
应收账款	11,384,407.54	219,316.00	1,124,780.00			10,478,943.54
……						
存货	5,405,993.08	687,263.00				6,093,256.08
……						
长期股权投资	25,069,512.27	500,000.00				25,569,512.27
……						
资产总计						
负债及所有者权益						
流动负债：						
短期借款	15,085,745.09					15,085,745.09
……						
应付账款	7,452,755.21		500,000.00			7,952,755.21
……						
应交税费	209,736.45	39,780.00	42,500.00			212,456.45
……						

同时，需要把调整的会计分录填入调整分录汇总表中，这样可以非常清楚地看到已调整的审计项目及金额（见表10-9）。

表 10-9　账项调整分录汇总表

中睿琪会计师事务所

客户名称 CLIENT	华腾有限责任公司				姓名 NAME	时间 DATE		
工作内容 DETAILS	账项调整分录汇总表		执行人及执行时间 PREPARED BY		王永	2018-2-7	索引号 INDEX NO.	EA1
会计期间或截止日 YEAR END	2017		复核人及复核时间 REVIEWED BY		李明	2018-2-8	页码 PAGE NO.	

序号	内容及说明	索引号	调整内容				影响利润表 +（−）	影响资产负债表+（−）
			借方项目	借方金额	贷方项目	贷方金额		
1	结转提前确认收入		主营业务收入	234,000			234,000	
			应交税费	39,780				−39,780
					应收账款	273,780		273,780
2	确认低估收入		应收账款	292,500				292,500
					主营业务收入	250,000	250,000	
					应交税费	42,500		−42,500
3	结转成本		主营业务成本	120,840			−120,840	
					应收账款	120,840		120,840
4	确认隐瞒投资		长期股权投资	500,000				500,000
					应收账款	500,000		500,000
5	转回多提坏账准备		坏账准备	47,656				47,656
					资产减值损失	47,656	47,656	
6	结转多计销售费用		银行存款	54,000				54,000
					销售费用	54,000	54,000	
7	确认未入账现金折扣		银行存款	42,500				42,500
					财务费用	42,500	42,500	
8	结转多计管理费用		银行存款	100,000				100,000
					管理费用	100,000	100,000	
9	原材料暂估入库		原材料	500,000				500,000
					应付账款	500,000		−500,000
10	调整库存商品		库存商品	187,263				187,263
					主营业务成本	187,263	−187,263	
11	确认收到利达货款		银行存款	351,000				351,000
					应收账款	351,000		351,000
	合计			2,469,539		2,469,539		−2,469,539

与被审计单位的沟通：

参加人员：

被审计单位：王小华　李霞

审计项目组：王永　张琪　黄卉　王华　张小雨　王洁　李明

被审计单位的意见：

结论：

是否同意上述审计调整：同意调整

被审计单位授权代表签字：王小华　　　　　　　　　　日期：2018-2-21

　　需要注意的是，在填制调整分录汇总表时，要把账项调整和重分类调整分别填列，不可合并填列。另外，对于已调整的分录只有在与被审计单位进行沟通确认后，才可以最终把审计调整金额体现在审定的财务报表中。

任务三 无保留意见审计报告

任务案例

中睿琪会计师事务所对华腾公司 2017 年度财务报告审计后，发表审计意见，出具审计报告。

任务处理

一、审计报告的含义

审计报告是指注册会计师根据审计准则的规定，在执行审计工作的基础上，对财务报表发表审计意见的书面文件。

审计报告是注册会计师对财务报表是否在所有重大方面按照财务报告编制基础编制并实现公允反映发表审计意见的书面文件。因此，注册会计师应当就财务报表是否在所有重大方面按照适用的财务报告编制基础编制并公允反映形成审计意见。为了形成审计意见，针对财务报表整体是否不存在由于舞弊或错误导致的重大错报，注册会计师应当得出结论，确定是否已就此获取合理保证。

二、审计报告的作用

1. 鉴证作用

注册会计师签发的审计报告是以超然独立的第三者身份，对被审计单位财务报表合法性、公允性发表意见。这种意见，得到了政府及其各部门和社会各界的普遍认可；政府有关部门了解、掌握企业的财务状况和经营成果的主要依据是企业提供的财务报表，财务报表是否合法、公允，主要依据注册会计师的审计报告做出判断；股东主要依据注册会计师的审计报告来判断被投资企业的财务报表是否公允地反映了财务状况和经营成果，以进行投资决策等。

2. 保护作用

注册会计师通过审计，可以对被审计单位财务报表出具不同类型审计意见的审计报告，以提高或降低财务报表使用者对财务报表的信赖程度；审计报告能够在一定程度上对被审计单位的财产所有者、债权人和股东的权益及企业利害关系人的利益起到保护作用；投资者根据注册会计师的审计报告做出投资决策，可以降低其投资风险。

3. 证明作用

审计报告是对注册会计师审计任务完成情况及其结果所做的总结，表明审计工作的质量并明确注册会计师的审计责任；审计报告可以对审计工作质量和注册会计师的审计责任起证明作用；审计报告可以证明注册会计师在审计过程中是否实施了必要的审计程序；审计报告可以证明注册会计师对审计责任的履行情况。

三、审计报告的要素

标准审计报告的基本要素有严格的规范要求，按照审计准则，标准审计报告由10个基本要素构成，每一个基本要素均有严格而统一的表达形式。无保留意见审计报告应当包括下列要素：

（1）标题。

（2）收件人。

（3）审计意见。

（4）形成审计意见的基础。

（5）管理层对财务报表的责任。

（6）注册会计师对财务报表审计的责任。

（7）按照相关法律法规的要求报告的事项（如适用）。

（8）注册会计师签名和盖章。

（9）会计师事务所的名称、地址和盖章。

（10）报告日期。

在适用的情况下，注册会计师还应当按照审计准则相关规定，在审计报告中对与持续经营相关的重大不确定性、关键审计事项、被审计单位年度报告中包含的除财务报表和审计报告之外的其他信息进行报告。

四、审计意见的形成基础

注册会计师应当评价根据审计证据得出的结论，以作为对财务报表形成审计意见的基础。在对财务报表形成审计意见时，注册会计师应当根据已获取的审计证据，评价是否已对财务报表整体不存在重大错报获取合理保证。在确定时，注册会计师应当考虑：

（1）按照《中国注册会计师审计准则第1231号——针对评估的重大错报风险采取的应对措施》的规定，是否已获取充分、适当的审计证据。

（2）按照《中国注册会计师审计准则第1251号——评价审计过程中识别出的错报》的规定，未更正错报单独或汇总起来是否构成重大错报。

（3）评价财务报表是否在所有重大方面按照适用的财务报告编制基础编制。

（4）评价财务报表是否实现公允反映。

（5）评价财务报表是否恰当提及或说明适用的财务报告编制基础。

如果认为财务报表在所有重大方面按照适用的财务报告编制基础编制并实现公允反映，注册会计师应当发表无保留意见。

当存在下列情形之一时，注册会计师应当按照《中国注册会计师审计准则第1502号——在审计报告中发表非无保留意见》的规定，在审计报告中发表非无保留意见：

（1）根据获取的审计证据，得出财务报表整体存在重大错报的结论。

（2）无法获取充分、适当的审计证据，不能得出财务报表整体不存在重大错报的结论。

五、无保留意见的审计报告

无保留意见的审计报告举例如下：

审 计 报 告

ABC 股份有限公司全体股东：

一、对财务报表出具的审计报告

（一）审计意见

我们审计了 ABC 股份有限公司（以下简称 ABC 公司）财务报表，包括 20×1 年 12 月 31 日的资产负债表，20×1 年度的利润表、现金流量表、股东权益变动表以及财务报表附注。

我们认为，后附的财务报表在所有重大方面按照企业会计准则的规定编制，公允反映了公司 20×1 年 12 月 31 日的财务状况以及 20×1 年度的经营成果和现金流量。

（二）形成审计意见的基础

我们按照中国注册会计师审计准则的规定执行了审计工作。审计报告的"注册会计师对财务报表审计的责任"部分进一步阐述了我们在这些准则下的责任。按照中国注册会计师职业道德守则，我们独立于 ABC 公司，并履行了职业道德方面的其他责任。我们相信，我们获取的审计证据是充分、适当的，为发表审计意见提供了基础。

（三）关键审计事项

关键审计事项是根据我们的职业判断，认为对本期财务报表审计最为重要的事项。这些事项是在对财务报表整体进行并形成意见的背景下进行处理，我们不对这些事项提供单独的意见。

[按照《中国注册会计师审计准则第 1504 号——在审计报告中沟通关键审计事项》的规定描述每一关键审计事项。]

（四）管理层和治理层对财务报表的责任

管理层负责按照企业会计准则的规定编制财务报表，使其实现公允反映，并设计、执行和维护必要的内部控制，以使财务报表不存在由于舞弊或错误导致的重大错报。

在编制财务报表时，管理层负责评估 ABC 公司的持续经营能力，披露与持续经营相关的事项（如适用），并运用持续经营假设，除非计划清算公司、停止营运或别无其他现实的选择。

治理层负责监督 ABC 公司的财务报告过程。

（五）注册会计师对财务报表审计的责任

我们的目标是对财务报表整体是否不存在由于舞弊或错误导致的重大错报获取合理保证，并出具包含审计意见的审计报告。合理保证是高水平的保证，但并不能保证按照审计准则执行的审计在某一重大错报存在时总能发现。错报可能由舞弊或错误所导致，如果合理预期错报单独或汇总起来可能影响财务报表使用者依据财务报表做出的经济决策，则错报是重大的。

在按照审计准则执行审计的过程中，我们运用了职业判断，保持了职业怀疑。我们同时：

（1）识别和评估由于舞弊或错误导致的财务报表重大错报风险，对这些风险有针对性地设计和实施审计程序获取充分、适当的审计证据，作为发表审计意见的基础。由于舞弊可能涉及串通、伪造、故意遗漏、虚假陈述或凌驾于内部控制之上，未能发现由于舞弊导致的重大错报的风险高于未能发现由于错误导致的重大错报的风险。

（2）了解与审计相关的内部控制，以设计恰当的审计程序，但目的并非对内部控制的有效性发表意见。

（3）评价管理层选用会计政策的恰当性和做出会计估计及相关披露的合理性。

（4）对管理层使用持续经营假设的恰当性得出结论。同时，基于所获取的审计证据，对是否存在与事项或情况相关的重大不确定性，从而可能导致对 ABC 公司的持续经营能力产生重大疑虑得出结论。如果我们得出结论认为存在重大不确定性，审计准则要求我们在审计报告中提请报告使用者注意财务报表中的相关披露。如果披露不充分，我们应当发表非无保留意见。我们的结论基于审计报告日可获得的信息。然而，未来的事项或情况可能导致 ABC 公司不能持续经营。

（5）评价财务报表的总体列报、结构和内容（包括披露），并评价财务报表是否公允反映交易和事项。

我们与治理层就计划的审计范围、时间安排和重大审计发现（包括我们在审计中识别的值得关注的内部控制缺陷）进行沟通。

我们还就遵守关于独立性的相关职业道德要求向治理层提供声明，并就可能被合理认为影响我们独立性的所有关系和其他事项，以及相关的防范措施（如适用）与治理层进行沟通。

从与治理层沟通的事项中，我们确定哪些事项对当期财务报表审计最为重要，因而构成关键审计事项。我们在审计报告中描述这些事项，除非法律法规不允许公开披露这些事项，或在极其罕见的情形下，如果合理预期在审计报告中沟通某事项造成的负面后果超过产生的公众利益方面的益处，我们确定不应在审计报告中沟通该事项。

二、对其他法律和监管要求的报告

[本部分的格式和内容，取决于法律法规对其他报告责任的性质的规定。法律法规规范的事项（其他报告责任）应当在本部分处理，除非那些其他报告责任与审计准则所要求的报告责任涉及相同的主题。如果涉及相同的主题，其他报告责任可以在审计准则所要求的同一报告要素部分中列示。当其他报告责任和审计准则规定的报告责任涉及同一主题，并且审计报告中的措辞能够将其他报告责任与审计准则规定的责任予以清楚地区分（如差异存在）时，允许将两者合并列示（即包含在对财务报表审计的报告部分中，并使用适当的副标题）。]

××会计师事务所　　　　　中国注册会计师：×××（项目合伙人）
　（盖章）　　　　　　　　　　（签名并盖章）

　　　　　　　　　　　　　中国注册会计师：×××
　　　　　　　　　　　　　　　（签名并盖章）

中国××市　　　　　　　　二〇×二年×月×日

┌─ 任务案例分析 ─┐

审计人员发表对华腾公司审计意见，出具审计报告。

审 计 报 告

> 标题应当统一规范为审计报告

> 报告编号

中睿琪审字 [2018] 第 A0001-01-1 号

> 收件人一般是指审计业务的委托人。审计报告应当载明收件人的全称。

华腾有限责任公司全体股东：

一、审计意见 ▸ 意见段

我们审计了华腾有限责任公司（以下简称"华腾公司"）财务报表，包括 2017 年 12 月 31 日的资产负债表，2017 年度的利润表、现金流量表、股东权益变动表以及财务报表附注。

我们认为，后附的财务报表在所有重大方面按照企业会计准则的规定编制，公允反映了华腾公司 2017 年 12 月 31 日的财务状况以及 2017 年度的经营成果和现金流量。

二、形成审计意见的基础

我们按照中国注册会计师审计准则的规定执行了审计工作。审计报告的"注册会计师对财务报表审计的责任"部分进一步阐述了我们在这些准则下的责任。按照中国注册会计师职业道德守则，我们独立于华腾公司，并履行了职业道德方面的其他责任。我们相信，我们获取的审计证据是充分、适当的，为发表审计意见提供了基础。

三、关键审计事项

关键审计事项是根据我们的职业判断，认为对本期财务报表审计最为重要的事项。这些事项是在对财务报表整体进行审计并形成意见的背景下进行处理，我们不对这些事项提供单独的意见。

[按照《中国注册会计师审计准则第 1504 号——在审计报告中沟通关键审计事项》的规定描述每一关键审计事项。]

四、管理层和治理层对财务报表的责任

华腾公司管理层（以下简称"管理层"）负责按照企业会计准则的规定编制财务报表，使其实现公允反映，并设计、执行和维护必要的内部控制，以使财务报表不存在由于舞弊或错误导致的重大错报。

在编制财务报表时，管理层负责评估华腾公司的持续经营能力，披露与持续经营相关的事项（如适用），并运用持续经营假设，除非计划清算公司、停止营运或别无其他现实的选择。

治理层负责监督华腾公司的财务报告过程。

五、注册会计师对财务报表审计的责任

我们的目标是对财务报表整体是否不存在由于舞弊或错误导致的重大错报获取合理保证，并出具包含审计意见的审计报告。合理保证是高水平的保证，但并不能保证按照审计准则执行的审计在某一重大错报存在时总能发现。错报可能由舞弊或错误所导致，如果合理预期错报单独或汇总起来可能影响财务报表使用者依据财务报表做出的经济决策，则通常认为错报是重大的。

在按照审计准则执行审计的过程中，我们运用了职业判断，保持了职业怀疑。我们同时也执行了以下工作：

（1）识别和评估由于舞弊或错误导致的财务报表重大错报风险，对这些风险有针对性地设计和实施审计程序获取充分、适当的审计证据，作为发表审计意见的基础。由于舞弊可能涉及串通、伪造、故意遗漏、虚假陈述或凌驾于内部控制之上，未能发现由于舞弊导致的重大错报的风险高于未能发现由于错误导致的重大错报的风险。

（2）了解与审计相关的内部控制，以设计恰当的审计程序，但目的并非对内部控制的有效性发表意见。

（3）评价管理层选用会计政策的恰当性和做出会计估计及相关披露的合理性。

（4）对管理层使用持续经营假设的恰当性得出结论。同时，基于所获取的审计证据，对是否存在与事项或情况相关的重大不确定性，从而可能导致对华腾公司的持续经营能力产生重大疑虑得出结论。如果我们得出结论认为存在重大不确定性，审计准则要求我们在审计报告中提请报告使用者注意财务报表中的相关披露。如果披露不充分，我们应当发表非无保留意见。我们的结论基于审计报告日可获得的信息。然而，未来的事项或情况可能导致华腾公司不能持续经营。

（5）评价财务报表的总体列报、结构和内容（包括披露），并评价账务报表是否公允反映相关交易和事项。

（6）就华腾公司中实体或业务活动的财务信息获取充分、适当的审计证据，以对财务报表发表意见。我们负责指导、监督和执行审计。我们对审计意见承担全部责任。

我们与治理层就计划的审计范围、时间安排和重大审计发现（包括我们在审计中识别的值得关注的内部控制缺陷）进行沟通。

我们还就遵守关于独立性的相关职业道德要求向治理层提供声明，并就可能被合理认为影响我们独立性的所有关系和其他事项，以及相关的防范措施（如适用）与治理层进行沟通。

从与治理层沟通的事项中，我们确定哪些事项对当期财务报表审计最为重要，因而构成关键审计事项。我们在审计报告中描述这些事项，除非法律法规不允许公开披露这些事项，或在极其罕见的情形下，如果合理预期在审计报告中沟通某事项造成的负面后果超过产生的公众利益方面的益处，我们确定不应在审计报告中沟通该事项。

中睿琪会计师事务所　　　　　　　　中国注册会计师（项目合伙人）：王然

由会计师事务所项目合伙人和一名负责该项目注册会计师签名并盖章

　　　　　　　　　　　　　　　　　中国注册会计师：李丽华

中国北京市　　　　　　　　　　　　二〇一八年二月二十一日

任务四　非无保留意见审计报告

〔任务案例〕

中兴华会计师事务所对 ABC 药业股份有限公司 2017 年度财务报表进行审计，发表审计意见，出具非无保留意见审计报告。

〔任务处理〕

一、非无保留意见的审计报告

非无保留意见是指保留意见、否定意见或无法表示意见。

注册会计师确定恰当的非无保留意见类型，取决于下列事项：

（1）导致非无保留意见的事项的性质，是财务报表存在重大错报，包括在无法获取充分、适当的审计证据的情况下，财务报表可能存在重大错报。

（2）注册会计师就导致非无保留意见的事项对财务报表产生或可能产生影响的广泛性做出的判断。

当存在下列情形之一时，注册会计师应当按照《中国注册会计师审计准则第1502号——在审计报告中发表非无保留意见》的规定，在审计报告中发表非无保留意见：

（1）根据获取的审计证据，得出财务报表整体存在重大错报的结论。

（2）无法获取充分、适当的审计证据，不能得出财务报表整体不存在重大错报的结论。

如果注册会计师能够通过实施替代程序获取充分、适当的审计证据，则无法实施特定的程序并不构成对审计范围的限制。

下列情形可能导致注册会计师无法获取充分、适当的审计证据（也称为审计范围受到限制）：

（1）超出被审计单位控制的情形（如被审计单位的会计记录已被毁坏）。

（2）与注册会计师工作的性质或时间安排相关的情形（如注册会计师无法获取有关联营企业财务信息的充分、适当的审计证据以评价是否恰当地运用了权益法，注册会计师无法实施存货监盘）。

（3）管理层施加限制的情形（如管理层阻止注册会计师对特定账户余额实施函证）。

二、财务报表影响的"广泛性"

判断"广泛性"的情形见表10-10。

表 10-10　判断"广泛性"的情形

导致发表非无保留意见的事项的性质	这些事项对财务报表产生或可能产生影响的广泛性	
	重大但不具有广泛性	重大且具有广泛性
财务报表存在重大错报	保留意见	否定意见
无法获取充分、适当的审计证据	保留意见	无法表示意见

注意：

在承接审计业务后，如果注意到管理层对审计范围施加了限制，且认为这些限制可能导致对财务报表发表保留意见或无法表示意见，注册会计师应当要求管理层消除这些限制。如果管理层拒绝消除限制，除非治理层全部成员参与管理被审计单位，注册会计师应当就此事项与治理层沟通，并确定能否实施替代程序以获取充分、适当的审计证据。

如果受到的限制产生的影响重大且具有广泛性，应当在可行时解除业务约定，如果在出具审计报告之前解除业务约定被禁止或不可行，应当发表无法表示意见。注册会计师可认为需要在审计报告中增加其他事项段。

如果认为有必要对财务报表整体发表否定意见或无法表示意见，注册会计师不应在同一审计报告中对按照相同财务报告编制基础编制的单一财务报表或者财务报表特定要素、账户或项目发表无保留意见。

《中国注册会计师审计准则第1504号——在审计报告中沟通关键审计事项》第六条规定，根据《中国注册会计师审计准则第1502号——在审计报告中发表非无保留意见》的规定，注册会计师在对财务报表发表无法表示意见时，不得在审计报告中沟通关键审计事项，除非法律法规要求沟通。

三、判断非无保留意见的依据

1. 发表保留意见的依据

（1）在获取充分、适当审计证据后，注册会计师认为错报单独或汇总起来对财务报表影响重大，但不具有广泛性。

（2）注册会计师无法获取充分、适当审计证据以作为形成审计意见的基础，但认为未发现的错报（如存在）对财务报表可能产生的影响重大但不具有广泛性，则应发表保留意见。

因此保留意见被视为注册会计师在不能发表无保留意见情况下最不严厉的审计意见。

2. 发表否定意见的依据

在获取充分、适当审计证据后，如果认为错报单独或汇总起来对财务报表影响重大且具有广泛性，注册会计师应当发表否定意见。

3. 发表无法表示意见的依据

如果无法获取充分、适当审计证据以作为形成审计意见的基础，但认为未发现的错报（如存在）对财务报表可能产生的影响重大且具有广泛性，注册会计师应当发表无法表示意见。具体情况见表10-11。

表 10-11 判断意见类型的依据

意见类型	判断意见类型的依据
保留意见	（1）在获取充分、适当的审计证据后，注册会计师认为错报单独或汇总起来对财务报表影响重大，但不具有广泛性 （2）注册会计师无法获取充分、适当的审计证据以作为形成审计意见的基础，但认为未发现的错报（如存在）对财务报表可能产生的影响重大，但不具有广泛性
否定意见	在获取充分、适当的审计证据后，注册会计师认为错报单独或汇总起来对财务报表的影响重大且具有广泛性
无法表示意见	无法获取充分、适当的审计证据以作为形成审计意见的基础，但认为未发现的错报（如存在）对财务报表可能产生的影响重大且具有广泛性

四、保留意见的审计报告

由于财务报表存在重大错报而出具保留意见的审计报告。

｜任务案例分析｜

审　计　报　告

中兴审字 [2017] 第 0567 号

ABC 药业股份有限公司全体股东:

一、对财务报表出具的审计报告

(一)保留意见

我们接受委托,对 ABC 药业股份有限公司(以下简称"ABC 药业公司")2017 年度财务报表,包括 2017 年 12 月 31 日的资产负债表,2017 年度的利润表、股东权益变动表和现金流量表以及相关财务报表附注进行了审计并出具了中兴审字 [2017] 第 0567 号保留意见审计报告。

我们认为,除"形成保留意见的基础"部分事项产生的影响外,ABC 药业公司财务报表在所有重大方面按照企业会计准则的规定编制,公允反映了 ABC 药业公司 2017 年 12 月 31 日的财务状况以及 2017 年度的经营成果和现金流量。

(二)形成保留意见的基础

ABC 药业公司 2017 年财务报表附注一中所述,截至 2017 年 12 月 31 日银行借款 3,932.5 万元已逾期,截至财务报告日有 13,612.5 万元逾期借款;2017 年度经营活动产生的现金流量净额为 −5,796,921.49 元。ABC 药业公司在附注二中提出了拟采取的改善措施,但存在可能导致对其持续经营能力产生的不确定性。且 2017 年 10 月 31 日,ABC 药业公司因涉嫌信息披露违法违规被中国证券监督管理委员会立案调查,公司股票可能被深圳证券交易所实施退市风险并暂停上市。截至本报告出具日,ABC 药业公司尚未收到证券会监督管理委员会相关调查结论。本段内容不影响已发表的审计意见。

我们按照中国注册会计师审计准则的规定执行了审计工作。审计报告的"注册会计师对财务报表审计的责任"部分进一步阐述了我们在这些准则下的责任。按照中国注册会计师职业道德守则,我们独立于 ABC 药业公司,并履行了职业道德方面的其他责任。我们相信,我们获取的审计证据是充分、适当的,为发表保留意见提供了基础。

(三)关键审计事项

关键审计事项是根据我们的职业判断,认为对本期财务报表审计最为重要的事项。这些事项是在对财务报表整体进行审计并形成意见的背景下进行处理的,我们不对这些事项提供单独的意见。除"形成保留意见的基础"部分撰述事项外,我们确定下列事项是需要在审计报告中沟通的关键事项。

[按照《中国注册会计师审计准则第 1504 号—— 在审计报告中沟通关键审计事项》的规定描述每一关键审计事项。]

（四）管理层和治理层对财务报表的责任

[按照《中国注册会计师审计准则第 1501 号——对财务报表形成审计意见和出具审计报告》的规定报告。]

（五）注册会计师对财务报表审计的责任

[按照《中国注册会计师审计准则第 1501 号——对财务报表形成审计意见和出具审计报告》的规定报告。]

二、对其他法律和监管要求的报告

[按照《中国注册会计师审计准则第 1501 号——对财务报表形成审计意见和出具审计报告》的规定报告。]

中兴华会计师事务所　　　　　　　中国注册会计师（项目合伙人）：×××
　（盖章）　　　　　　　　　　　　　　（签名并盖章）

　　　　　　　　　　　　　　　　　中国注册会计师：×××
　　　　　　　　　　　　　　　　　　　（签名并盖章）

中国××市　　　　　　　　　　　　二〇一八年二月××日

由于财务报表存在重大错报而出具否定意见的审计报告（略）与保留意见的审计报告结构相同，此处不列举。

五、无法表示意见的审计报告

由于注册会计师无法针对财务报表多个要素获取充分、适当的审计证据而出具无法表示意见的审计报告，举例如下：

审　计　报　告

ABC 股份有限公司全体股东：

一、对财务报表出具的审计报告

（一）无法表示意见

我们接受委托，审计 ABC 股份有限公司（以下简称"ABC 公司"）财务报表，包括 20×1 年 12 月 31 日的资产负债表，20×1 年度的利润表、股东权益变动表和现金流量表以及财务报表附注。

我们不对后附的 ABC 公司财务报表发表审计意见。由于"形成无法表示意见的基础"部分所述事情的重要性，我们无法获取充分、适当的审计证据以作为对财务报表发表审计意见的基础。

（二）形成无法表示意见的基础

我们于 20×2 年 1 月接受 ABC 公司的审计委托，因而未能对 ABC 公司 20×1 年年初金额为 × 元的存货和年末金额为 × 元的存货实施监盘程序。此外，我们也无法实施替代审计程序获取充分、适当的审计证据。并且，ABC 公司于 20×1 年 9 月采用新的应收账款电算化系统，由于存在系统缺陷导致应收账款出现大量错误。截至审计报告日，管理层仍在纠正系统缺陷并更正错误，我们也无法实施替代审计程序，以对截至20×1年12月31日的应收账款总额×元获取充分、适当的审计证据。因此，我们无法确定是否有必要对存货、应收账款以及财务报表其他项目做出调整，也无法确定应调整的金额。

（三）管理层和治理层对财务报表的责任

编制和公允列报财务报表是ABC公司管理层的责任，这种责任包括：①按照企业会计准则的规定编制财务报表，并使其实现公允反映；②设计、执行和维护必要的内部控制，以使财务报表不存在由于舞弊或错误导致的重大错报。

（四）注册会计师对财务报表审计的责任

我们的责任是在按照中国注册会计师审计准则的规定执行审计工作的基础上对财务报表发表审计意见。但由于"（二）形成无法表示意见的基础"段中所述的事项，我们无法获取充分、适当的审计证据以为发表审计意见提供基础。

按照中国注册会计师职业道德守则，我们独立于ABC公司，并履行了职业道德方面的其他责任。

二、对其他法律和监管要求的报告

[按照《中国注册会计师审计准则第1501号——对财务报表形成审计意见和出具审计报告》的规定报告。]

××会计师事务所　　　　　中国注册会计师（项目合伙人）：×××
（盖章）　　　　　　　　　　　　　　　　（签名并盖章）
　　　　　　　　　　　　　中国注册会计师：×××
　　　　　　　　　　　　　　　　　　　（签名并盖章）
中国××市　　　　　　　　二〇×二年×月××日

六、带强调事项段保留意见的审计报告

审计报告的强调事项段是指审计报告中含有的一个段落，该段落提及已在财务报表中恰当列报或披露的事项，根据注册会计师的职业判断，该事项对财务报表使用者理解财务报表至关重要。

带强调事项段保留意见的审计报告举例如下：

审　计　报　告

ABC股份有限公司全体股东：
一、对财务报表出具的审计报告
（一）保留意见

我们审计了ABC股份有限公司（以下简称"ABC公司"）财务报表，包括20×1年12月31日的资产负债表，20×1年度的利润表、股东权益变动表和现金流量表以及相关财务报表附注。

我们认为，除"形成保留意见的基础"部分事项产生的影响外，ABC公司财务报表在所有重大方面按照企业会计准则的规定编制，公允反映了ABC公司20×1年12月31日的财务状况以及20×1年度的经营成果和现金流量。

（二）形成保留意见的基础

ABC 公司 20×1 年 12 月 31 日资产负债表中存货的列示金额为 × 元。管理层根据成本对存货进行计量，而没有根据成本与可变现净值孰低的原则进行计量，这不符合企业会计准则的规定。ABC 公司的会计记录显示，如果管理层以成本与可变现净值孰低来计量存货，存货列示金额将减少 × 元。相应地，资产减值损失将增加 × 元，所得税、净利润和股东权益将分别减少 × 元、× 元和 × 元。

我们按照中国注册会计师审计准则的规定执行了审计工作。审计报告的"注册会计师对财务报表审计的责任"部分进一步阐述了我们在这些准则下的责任。按照中国注册会计师职业道德守则，我们独立于 ABC 公司，并履行了职业道德方面的其他责任。我们相信，我们获取的审计证据是充分、适当的，为发表保留意见提供了基础。

（三）强调事项——水灾的影响 〔带强调项段〕

我们提醒财务报表使用者关注，财务报表附注描述了水灾对 ABC 公司的生产设备造成的影响。本段内容不影响已发表的审计意见。

（四）管理层和治理层对财务报表的责任

［按照《中国注册会计师审计准则第 1501 号——对财务报表形成审计意见和出具审计报告》的规定报告。］

（五）注册会计师对财务报表审计的责任

［按照《中国注册会计师审计准则第 1501 号——对财务报表形成审计意见和出具审计报告》的规定报告。］

二、对其他法律和监管要求的报告

［按照《中国注册会计师审计准则第 1501 号——对财务报表形成审计意见和出具审计报告》的规定报告。］

××会计师事务所	中国注册会计师（项目合伙人）：×××
（盖章）	（签名并盖章）
	中国注册会计师：×××
	（签名并盖章）
中国××市	二○×二年×月××日

七、审计报告的其他事项段

审计报告的其他事项段是指审计报告中含有的一个段落，该段落提及未在财务报表中列报或披露的事项，根据注册会计师的职业判断，该事项与财务报表使用者理解审计工作、注册会计师的责任或审计报告相关。

（一）增加其他事项段的情形

其他事项段需要说明的事项与财务报表使用者理解审计工作、注册会计师责任或审计报告相关，具体包括：

（1）与使用者理解审计工作相关的情形。

（2）与使用者理解注册会计师的责任或审计报告相关的情形。

（3）对两套以上财务报表出具审计报告的情形。

（4）限制审计报告分发和使用的情形。

（二）增加其他事项段不涉及的情形

（1）除根据审计准则的规定有责任对财务报表出具审计报告外，注册会计师还有其他报告责任。

（2）注册会计师可能被要求实施额外的规定的程序并予以报告，或对特定事项发表意见。

如果拟在审计报告中增加强调事项段或其他事项段，注册会计师应当就该事项和拟使用的措辞与治理层沟通。

〔巩固拓展〕

关键审计事项

《中国注册会计师审计准则第1504号——在审计报告中沟通关键审计事项》要求注册会计师在上市实体整套通用目的的财务报表审计报告中增加关键审计事项部分，用于沟通关键审计事项。

关键审计事项是根据注册会计师的职业判断，认为对本期财务报表审计最为重要的事项。这些事项的应以对财务报表整体进行审计并形成审计意见为背景，注册会计师不对这些事项单独发表意见。

一、确定关键审计事项的决策框架

（1）以"与治理层沟通的事项"为起点选择关键审计事项。

（2）从"与治理层沟通的事项"中选出"在执行审计工作时重点关注过的事项"。

（3）从"在执行审计工作时重点关注过的事项"中选出"最为重要的事项"，从而构成关键审计事项。

二、在审计报告中沟通关键审计事项

（1）在审计报告中单设关键审计事项部分。

（2）描述单一关键审计事项。

三、不在审计报告中沟通关键审计事项的情形

一般而言，在审计报告中沟通关键审计事项，通常有助于提高审计的透明度，是符合公众利益的。然而，在某些情况下，关键审计事项可能涉及的敏感信息，为被审计单位带来较为严重的负面影响，并且也可能是法律法规禁止披露的事项，则不在审计报告中沟通。

四、就关键审计事项与治理层沟通

（1）注册会计师确定的关键审计事项。

（2）根据被审计单位和审计业务的具体情况，注册会计师确定不存在需要在审计报告中沟通的关键审计事项（如适用）。

以下3个例子是对审计报告中关键审计事项的举例。

【例1：关键审计事项—— 以公允价值计价的消耗性生物资产】

1. 事项描述

截至2016年12月31日，晨鸣纸业公司合并财务报表附注所示以公允价值计价的消耗性生物资产余额12,600.27万元，属于晨鸣纸业公司的特殊资产，且金额较大，为此我们确定消耗性生物资产的计量为关键审计事项。

根据晨鸣纸业公司的会计政策，消耗性生物资产在形成蓄积量以前按照成本进行初始计量，形成蓄积量以后按公允价值计量，公允价值变动计入当期损益。由于晨鸣纸业公司的消耗性生物资产没有活跃的市场可参考价格，所以晨鸣纸业公司采用估值技术确定已形成蓄积量的消耗性生物资产（下称"该类生物资产"）的公允价值。

2. 审计应对

针对该类生物资产的公允价值计量问题，我们实施的审计程序主要包括：我们对晨鸣纸业公司与确定该类生物资产相关的控制进行了评估；对该类生物资产的估值方法进行了了解和评价，并与估值专家讨论了估值方法的具体运用；对在估值过程中运用的估值参数和折现率进行了考虑和评价。

【例2：关键审计事项—— 与可抵扣亏损相关的递延所得税资产】

1. 事项描述

截至2016年12月31日，晨鸣纸业公司合并资产负债表中列示了49,745.78万元的递延所得税资产。其中26,026.37万元递延所得税资产与可抵扣亏损相关。在确认与可抵扣亏损相关的递延所得税资产时，晨鸣纸业公司管理层在很有可能有足够的应纳税利润来抵扣亏损的限度内，就所有未利用的税务亏损确认递延所得税资产。

这需要晨鸣纸业公司管理层运用大量的判断来估计未来应纳税利润发生的时间和金额，结合纳税筹划策略，以决定应确认的递延所得税资产的金额。评估递延所得税资产能否在未来期间得以实现需要管理层做出重大判断，并且管理层的估计和假设具有不确定性。

2. 审计应对

在审计相关税务事项时，我们的审计团队包含了税务专家。在税务专家的支持下，我们实施的审计程序主要包括：我们对晨鸣纸业公司与税务事项相关的内部控制的设计与执行进行了评估；我们获取了与可抵扣亏损相关的所得税汇算清缴资料，并在税务专家协助下复核了可抵扣亏损金额；我们获取了经管理层批准的相关子公司未来期间的财务预测，评估其编制是否符合行业总体趋势及各子公司自身情况，是否考虑了特殊情况的影响，并对其可实现性进行了评估；我们复核了递延所得税资产的确认是否以未来期间很可能取得用来抵扣可抵扣亏损的应纳税所得额为限。

【例3：关键审计事项——固定资产减值准备计提】

1. 事项描述

截至 2016 年 12 月 31 日，晨鸣纸业合并附注列示固定资产减值准备 19,482.32 万元，在计提固定资产减值准备时，晨鸣纸业考虑固定资产处置时的市场价值及快速变现因素，并聘请专家对固定资产运用估值技术核定固定资产的减值。

2. 审计应对

在审计固定资产减值准备的过程中，我们的审计团队包含了资产评估方面的专家。在资产评估专家的支持下，我们实地勘察了相关固定资产，取得了相关资产资料，评估了晨鸣纸业公司的估值方法，并与晨鸣纸业管理层聘请的相关估值专家讨论了估值方法运用的适当性。复核了相关计算过程和结果及其账务处理；检查了资产减值相关信息在财务报表中的列报和披露情况。

基于获取的审计证据，我们得出审计结论，管理层对固定资产减值准备的计提是合理的。

知识归纳

审计终结是审计工作的最后阶段，主要应完成如下工作：

（1）审计工作底稿整理和复核。

（2）编制试算平衡表和调整分录汇总表。

（3）发表审计意见，出具审计报告。

参考资源

《中国注册会计师审计准则第1501号——对财务报表形成审计意见和出具审计报告》

《中国注册会计师审计准则第1502号——在审计报告中发表非无保留意见》

《中国注册会计师审计准则第1503号——在审计报告中增加强调事项段和其他事项段》

《中国注册会计师审计准则第1504号——在审计报告中沟通关键审计事项》

《中国注册会计师审计准则第1332号——期后事项》

参 考 文 献

[1] 中国注册会计师协会．会计[M]．北京：中国财政经济出版社，2017．

[2] 中国注册会计师协会．审计[M]．北京：中国财政经济出版社，2017．

[3] 兰丽丽，杜海霞．审计综合实训[M]．北京：中国人民大学出版社，2017．